接话的技巧

欣 洋 ⊙ 编著

中国纺织出版社有限公司

内 容 提 要

日常生活中，我们每个人都免不了要与人说话，会说话不代表会接话。不会接话者，要么一开口就语无伦次、让听者云里雾里；要么直接把天聊死，成为话题终结者；要么词不达意，让现场气氛尴尬到不行；要么滔滔不绝，让听者不胜其烦……学习接话的技巧，能让我们了解如何贴合人心地说话，进而左右逢源，受人欢迎。

本书从口才的角度，分析了接话在各种语言情境中的重要性，并结合一些真实案例，帮助人们有效克服说话恐惧，教导人们掌握巧妙接话的技巧，内容涉及生活和工作中的方方面面，学习这些接话技巧，相信你能做到和谁都聊得来。

图书在版编目（CIP）数据

接话的技巧 / 欣洋编著. --北京：中国纺织出版社有限公司，2024.6
ISBN 978-7-5229-1662-0

Ⅰ. ①接… Ⅱ. ①欣… Ⅲ. ①人际关系—语言艺术—通俗读物 Ⅳ. ①C912.13-49

中国国家版本馆CIP数据核字（2024）第075982号

责任编辑：刘梦宇　　责任校对：高　涵　　责任印制：储志伟

中国纺织出版社有限公司出版发行
地址：北京市朝阳区百子湾东里A407号楼　邮政编码：100124
销售电话：010—67004422　传真：010—87155801
http://www.c-textilep.com
中国纺织出版社天猫旗舰店
官方微博 http://weibo.com/2119887771
天津千鹤文化传播有限公司印刷　各地新华书店经销
2024年6月第1版第1次印刷
开本：880×1230　1/32　印张：7
字数：118千字　定价：49.80元

凡购本书，如有缺页、倒页、脱页，由本社图书营销中心调换

PREFACE 前言

我们都知道,人与人之间沟通的主要媒介就是语言,会不会说话真的太重要了。西方有位哲人说过:"世间有一种成就可以使人很快完成伟业,并获得世人的认可,那就是口才。"这强调了口才的重要性。而当今社会,口才更是我们任何一个人必须要掌握的一项基本生存技能,是决定一个人做事成败的关键因素,而口才,应用到我们的日常生活中就是聊天。

然而,会说话并不代表会接话。会说话是优势,会接话才是本事!的确,不管是在日常生活中,还是在紧张的学习、工作、生活中,每个人都难以避免地要与他人聊天,如何在聊天中成功接话,才是口才的最重要体现。

现在,我们来想想看,在我们生活中是不是有这样的人:他们看起来并不出众,但在任何场合中,只要他们一接话,就能成功带动大家的聊天氛围,他们总是能在三言两语间就让现场的尴尬气氛烟消云散,更懂得用几句话就说服他人接受自己的意见,无论走到哪里他们都受到别人的欢迎,成功也比别人

 接话的技巧

来得更快！而这，就是因为他们深谙接话的技巧。

事实上，任何一个成功者，他们的秘诀都在于掌握了接话的技巧，总是能说出让别人感到愉快的话。并且，这些能说会道的人也具备一种魔力，他们总是能用语言引导别人，让别人跟着他的思维走，为他所用。

当然，接话需要我们掌握一定的技巧。会接话的人，总是能左右逢源，他们能得到那些素不相识的人的支持，能带动交际场合的说话氛围，能消除与他人之间的误会，能说服他人、达到自己的目的。

会接话更是一种立足社会的能力，是让你在生活中、在职场中御风而行的有力武器。各个行业内的精英都是善于接话的高手，他们卓越的口才是增加自身魅力的砝码。可见，好口才可以改变一个人的命运，可以帮助你成就一番事业。

因此，我们必须从现在起，就在生活和工作中有意识地提高自己的接话能力，因为任何人都不是天生的语言学家，都不可能生来就掌握巧妙接话的技能。事实上，任何人，只要做到不断学习和提高，都能轻松驾驭语言，轻松地与人交流。

事实上，可能我们每个人都希望找到一个语言导师来帮助自己提高接话能力，本书就是这样一位"语言导师"。

通过本书，我们能认识到聊天中接话技巧的重要性，也能欣赏到那些深谙接话技巧的人是怎样与人一来一往将沟通气氛

推向高潮的。本书从生活中的各个场景出发，给出了具体的训练方法，从而教会我们如何提高自己的接话能力，相信会对广大读者有所帮助。

编著者
2023年12月

CONTENTS 目 录

第 1 章
懂得倾听，才能把话接得好

做对方忠实的听众，才能将话接下去 - 002

给他人说话的机会，把重要的话让给对方说 - 006

只有听出说话者的意图，才能想出接话策略 - 010

先从语气中听出对方的情绪，再决定如何接话 - 014

适时反馈，沟通桥梁不会断 - 018

不必每句话都接，适时沉默反而更有效 - 022

第 2 章
运用"投其所好"来接话，让话题说不完

察言观色，接话前先了解对方想听什么 - 028

说别人喜欢听的话，双方都会有收获 - 032

赞同法接话，令对方更乐意向你倾诉 - 036

接话时多聊对方的喜好，能架起沟通的桥梁 - 040

挖掘共同点，才能让彼此交流更愉快 - 044

制造情感共鸣，达成同理心方能顺利接话 - 047

 接话的技巧

接话时嘴甜一点，让他人喜欢与你沟通 - 051

第3章
运用赞美来接话，令人人都喜欢你

细心观察，发现他人值得称道之处 - 056

接过话题，顺势赞美 - 061

以对方骄傲的事为切入点，牵动对方的感情 - 064

在接话中传达出其不意的赞美，能让对方心花怒放 - 067

运用赞美接话要把握分时、分人的原则 - 071

接话中的间接赞美，更能起到效果 - 075

运用语言的魅力，让接话中的赞美绚丽起来 - 080

第4章
运用幽默来接话，让谈话的气氛更轻松

巧用幽默接话，能打开最佳的沟通局面 - 086

幽默接话，能让交流变得生动有趣 - 090

用幽默接过对方的话题，能使沟通轻松进入深层次 - 095

遭遇尴尬，幽默接话能帮你脱离窘境 - 098

幽默反击，接话时方可回避对方刺来的锋芒 - 101

顺水推舟，幽默接话化解危机 - 105

目录

第 5 章
善于反问和提问，让交流畅通无阻

善于在接话时运用提问和反问句式 - 112

接话后提出的第一个问题，就要得到对方的认可 - 116

以开放性问题接话，能营造良好的沟通氛围 - 120

掌握提问的技巧，让对方自己得出结论 - 124

接话中妙用提问法，排除沟通障碍 - 127

"二选一"式的提问，让你在接话中顺利达成目的 - 131

第 6 章
面对棘手的请求，如何接好拒绝的话

勇敢说"不"，接拒绝的话切忌唯唯诺诺 - 136

不直接接话，将话题转移到别处也是一种拒绝 - 139

拒绝时加入情感的因素，令对方不忍责怪你 - 143

暗示法接话，让对方知难而退 - 146

面对小人的请求，可在接话时运用拖延法拒绝 - 149

第 7 章
意见不同时，如何接好劝服的话

别着急接话，听完再开口 - 154

比起口才，接话的态度更重要 - 157

接话后先肯定对方，别急着反驳 - 161

观察对方情绪，看准时机再接话 - 164

巧妙过渡，别在一开始就表明你的接话目的 - 168

接话时主动说出对方心里的疑虑，能打消其戒备心 - 172

等待时机，条件成熟时再接话阐明观点 - 174

换位思考，更能把话说到对方心里 - 178

开口接话要有理有据，才能让对方心服口服 - 181

学习几类实用方便的劝服技巧 - 184

189 第 8 章
掌握万能话题秘籍，秒变接话高手

闲聊也有技巧，会接话令人喜欢与你亲近 - 190

熟练掌握四大话题，和谁都能聊得开 - 194

鼓励对方多说，并给发话者以积极的呼应 - 198

聊对方"在行"的话题，聊再久也不累 - 202

主动说点小"秘密"，能拉近彼此距离 - 205

六种"禁忌话题"是聊天杀手 - 209

参考文献 - 214

第 1 章
懂得倾听，才能把话接得好

生活中，我们每个人都有两只耳朵与一张嘴，这就告诉我们与人交流，不仅要"说"，更要多"听"少说。说得多并不是口才好，不适宜地侃侃而谈、口若悬河只会让别人反感。因此，我们每个人在沟通的过程中，都要尽可能多地让对方说，给对方创造说话的机会，把自己变成忠实的听众，这样才能听出关键，找到接话的方向，也才能真正把握主动权，巧妙将话接下去，进而达成我们想要的目的。

 接话的技巧

做对方忠实的听众,才能将话接下去

现代社会,口才和语言的重要性早已毋庸置疑,但要想让彼此在沟通和交谈中轻松愉悦,滔滔不绝地表明自己的观点和立场是不够的,因为真正的沟通是双向的,不仅需要我们表达,还需要我们懂得倾听。我们只有先听懂对方说什么,才能把话接下去,才能达到真正的沟通效果。从心理学的角度看,人与人之间的语言交流,如果只是流于表面,是毫无意义的,每个人都有倾诉的心理需求,如果我们能满足对方的这一心理需求,在沟通前多倾听,就掌握了高效沟通的方法。

然而,一些人依然只顾发挥自己的优势——说话,他们更喜欢谈论自己的事情,而没有耐心听别人谈论他们的事情,或总在没有完全"听懂"别人的前提下,就对别人盲目下判断,这样就造成了人际交往中难以沟通的情况,形成交流的障碍和困难。

实际上,任何一个人,要想获得良好的人际关系,首先就要学会倾听他人的声音。

唐娜是某部门新上任的主管。公司按例每月要开中高层会

第1章
懂得倾听，才能把话接得好

议，商议一些事宜。可能这样的会议开得多了，大多数领导已经把这种会议当成一种走形式，都觉得无所谓。

这样的会议唐娜还是第一次参加，因此，和那些老员工随便应付的态度不同，她不但做了充足的准备，还在开会时带了纸笔，这些老员工看到她开会时一副正襟危坐的样子，不禁都笑了。

这次主持会议的是董事长的助理，商讨的是公司的一些人事变动问题。其实，公司这一类型的会议已经开了很多次了，讨论的无非就是各部门小领导之间职位的变动问题，大家都对这一流程司空见惯了，只需要等通知就是。可是唐娜坐在后排，居然把这些人事变更的名字都记下了，而这些被主持会议的董事长助理看在了眼里。

散会后，他让唐娜留了下来。他很好奇地问唐娜："为什么会上大家都无所谓，你却记下了这些名字呢？"

"因为我觉得工作中一定要细心，我刚上任，以后肯定会麻烦这些前辈和领导，记下他们的名字才不会出错。"唐娜如实回答。

"小姑娘真的很细心啊，我们现在工作的状况是，很多人都倚老卖老，董事长每次让我主持会议，我多是硬着头皮去的，因为那帮人不把我放在眼里，我是有苦说不出啊。"说完，他长叹了一口气。

 接话的技巧

"这种会议的确不好开啊,毕竟与会的都是一些老将,不知当说不当说,其实,如果您尝试一些新的会议模式,倒是能激发大家的兴趣,比如……"董事长助理听完后觉得十分有理,就采取了唐娜的建议。

果然,每月的例会有生机了,而且在董事长助理的大力推荐下,唐娜很快升到了部门经理的职位。

案例中的唐娜之所以能给出关于会议模式的建议,就在于她在开会时认真倾听了主持会议的董事长助理的话,并且,这一举动也给足了对方尊重。董事长助理这个职位看似不重要,却能和董事长直接对上话,这就是为什么他能帮助唐娜成功升职的原因。

正如没人认为自己不会说话一样,几乎没有人认为自己不会听。可事实上,大多数人并不懂得有效倾听。那么,你认为自己真的明白倾听的艺术吗?你是不是常常中途打断对方的演讲?是不是又自以为是地进行反驳呢?积极倾听可以让对话的节奏舒缓下来。这样的对话为思想火花的迸发营造了空间。

因此,我们需要明白,倾听是能让交流沟通继续下去,是能接上对方话的前提,更是对别人最好的尊敬。专心地听别人讲话,是你所能给予别人的最有效,也是最好的赞美。不管说

话者是上司、下属，倾听的功效都是同样的。当然，你还必须掌握倾听的艺术。

1.注意言行，传达你的兴趣

在对方有意与你进行沟通时，你要表现出一副感兴趣的样子，积极配合对方的言论。比如对方与你交流时，你要用积极的目光注视着对方，在他讲述的过程中适时点点头，并配合适当的面部表情，不要看表、翻阅文件，更不要拿着笔乱画乱写，并且对他言语中你不明白的地方向他提问，这样会让他认为你在关注他的话，你在重视他的言论，这会增强他的诉说欲，他会乐意向你提供更多的信息，你在沟通过程中也能准确、完整地得到他想传达的信息。

2.适时反馈

沟通是双向的，只顾倾听，只是满足了对方倾诉的愿望，而他还有被反馈的愿望，你可以这样做：

对方发表演讲，你应该积极鼓掌，大声喝彩；如果对方相邀去吃饭，你要主动地相陪。在茶饭间的闲聊，你不妨使用这样的话语："能够听到您的人生经验是我的荣幸！"这些话会成为和对方沟通中最好的润滑剂。

3.适时进行鼓励和表示理解

谈话者往往都是希望自己的经历得到理解和支持，因此在谈话中加入一些简短的语言，如"对的""是这样""你说得

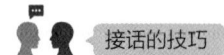 接话的技巧

对"等或点头微笑表示理解,都能鼓励谈话者继续说下去,并引起共鸣。当然,仍然要以聆听为主,要面向谈话者,用眼睛与谈话人的眼睛进行沟通,或者用手势等表示理解谈话者的身体辅助语言。

4.肯定对方的感受和想法

无论在倾听的时候,还是反馈意见的时候,你都要肯定对方的感受,这是增加情谊的基础。如果对方心情不好,并把缘由告知你,却遭到你的批评与否定,那无异于火上浇油,使两人关系恶化。

即使对方谈的都是一些无关紧要的事,也要做倾听状,时而给予共鸣或由衷的赞美,最好不要有不耐烦的神态。

人都渴望被尊重和认同,人际交流中,你只有学会做他人忠实的听众,才是真正的会说之人,才能实现有效地沟通,拉近彼此间的距离。

给他人说话的机会,把重要的话让给对方说

中国有句俗话:"话到嘴边三分留。"沟通中,我们与人说话,切不可占尽先机,而应把重要的话留三分,给他人表现的机会,让其说出关键点。这样,对方会从心里感激我们让给

他的表现机会，进而对我们产生好感，这对于后续的沟通以及达成我们想要的沟通效果很有帮助。

曾有人说过："如果你希望得到敌人，就超过你的朋友；但若想得到朋友，就让他们超过你吧。"为什么这么说？因为从心理的角度看，当朋友超过我们时，他们便充满了成就感；但情况若是相反，他们会深感羞耻并充满嫉妒。与人说话，同样是这个道理，让他人充满成就感，能使我们结交友谊，掌握交际的主动权。

我们来看看下面的故事：

有一次，一家大型企业在纽约报纸的财经专页上刊登了一条大型招聘广告，希望能招到能力突出的人才。一位叫卡贝利斯的年轻人看到广告，很想去试一试，于是他将自己的简历寄到了这家公司。

几天后，他接到了这家公司的面试邀请函，但是他并没有和其他求职人员一样准备面试可能会被问到的问题，而是花费几个小时的时间在华尔街搜集这家公司创始人的一切信息。

面试这天，面对老板及其他面试官，他有条不紊地对老板说："我非常庆幸自己能够和这样的公司合作。据我了解，这家公司成立于28年前，当时只有一间办公室和一名速记员，对吗？"

接话的技巧

这一番话果然起到了作用，因为成功人士对于曾经的创业经历都有特殊的情怀，这位老板也不例外，他花了很长时间谈论自己如何以450美元现金和一个原始的想法创业，并如何战胜了挫折和嘲笑。他每天工作16~18小时，节假日也不休息，最终战胜了所有的对手，现在华尔街最知名的总裁也要到这里来获取信息和指导，他为此深感自豪，而这段辉煌经历的确值得回忆，他有资格为此骄傲。

最后，他简要地询问了卡贝利斯的经历，然后叫来副总裁说："我认为这就是我们需要的人。"

卡贝利斯之所以会应聘成功，是因为他掌握了一些经历千辛万苦的成功人士的心理，那就是，他们都喜欢缅怀自己的过去，并希望得到他人的敬仰。掌握这一心理后，他大费周折地研究未来雇主的成就，表现出对他的强烈兴趣，他还鼓励对方更多地谈论自己，而这一切都给老板留下了美好的印象。试想，如果他主动说出未来雇主的创业史，即使语言再精彩，恐怕也只会让对方觉得你只是个很好的演说家，而不是"他们需要的人"。所以，如果你想赢得朋友，就请记住：给他人说话的机会，把重要的话让给对方说。

那么，沟通中，我们该如何引导对方自我表现呢？

1.提问法

我们要想把表现的机会让给别人,就要为别人创造说话的契机,而提问是一种很好的引导法。就像故事中的卡贝利斯问雇主:"当时只有一间办公室和一名速记员,对吗?"面对这一提问,对方一般都会顺着问话者的思路回答问题。

2.不要打断别人说话

沟通中,与人说话,我们可能会遇到另外一种情况,那就是你不同意别人的观点,这时你也许很想打断他,但是最好不要这样做,人们在自己还有一大堆意见要发表的时候,是不会注意到你的,所以要保持开阔的心胸耐心听下去,并诚恳地鼓励他人把意见完整地表达出来。

3.寻求帮助法

我们在与人说话的时候,不要显得无所不知,关键时候,你不妨对对方说:"这个问题我还真不清楚,您能帮我解释一下吗?"很明显,这样一说,话语权就交到了对方手里。同时,也能体现对方的能力,这是变相地给对方增光添彩。

一个精明的英国人曾经说过:"一个人在世界上可以有许多事业,只要他愿意让别人替他受赏。"的确,我们与人交际也是这个道理。说话留三分,让他人说出关键点,给他人表现的机会,在别人心中留下好印象,你会发现这种做法将有利于长远的利益和奋斗目标!

 接话的技巧

只有听出说话者的意图，才能想出接话策略

对于现代社会的我们来说，是否会说话、能否掌握沟通的艺术，无论是对于个人发展还是日常交际，都显示出了无可替代的重要性。正如戴尔·卡耐基所说："一个人的成功约有15%取决于技术知识，85%取决于口才艺术。"然而，听话和说话同样重要，但真正的听，并不是傻听，会"听"话的人既能很好地领会、理解别人说话的意思，又能仔细地欣赏、揣摩别人说话的技巧，更能从别人的言谈中听出言下之意和弦外之音，然后才能"对症下药"，想出相应的接话对策。

因此，我们在沟通的时候，不仅应该做一个认真的听话者，同时还应该做一个谨慎的听话者，能听得出对方的真实意思，才能领会说话者的意图。

一日，有一个年轻人去拜访苏格拉底，目的是希望能从苏格拉底身上学习一些演讲的技巧。

苏格拉底刚开口没说几句话，这位年轻人就打断了他，且滔滔不绝地讲述自己的想法，以显示自己的才能。

苏格拉底说："我可以教你演讲，但必须收双倍的学费。"年轻人问："为什么要双倍呢？"苏格拉底说："要教你两门课，除演讲外，还要上一门课——怎样闭住嘴听别人说话。"

苏格拉底这段话透露了两层意思,在诉说之前一定要倾听,倾听是诉说的前提。同时,苏格拉底在表达自己观点的时候,并没有直接指出,而是采取委婉暗示的方法。这样,既指出了年轻人应该改正的缺点,又不至于让年轻人失了面子。在此,这名年轻人应当能正确会意,了解苏格拉底的"苦心"。

听是说的前提,但真正的倾听应该是有效的。你要想更好地表达观点,就要建立在听清别人内心真实意图的基础上。相反,如果你没能听出别人的言外之意,就会做出错误的回应,甚至造成无法挽回的恶果。

利特尔公司是世界最著名的科技咨询公司之一。其创始人利特尔一开始和他的公司一样,名不见经传,但后来一件事却让这个小小的公司名声大振。事情是这样的:

1921年的一天,很多企业家齐聚一堂,在一起讨论科学和生产之间的关系。

其间,一位商业大亨否定了科学对企业生产的重要作用。这位大亨挑战性地对利特尔说:"我太富裕了,以至于我已经没有多余的钱袋能装下我的钱了,所以我想找猪耳朵做的丝线袋来装钱。或许你的科学能帮这个忙,如果能做成这样的钱袋,大家都会把你当科学家的。"说完,他哈哈大笑起来。

很明显,这是一种赤裸裸的挑衅,聪明的利特尔怎么能听

 接话的技巧

不出大亨的弦外之音呢？

他感到非常气愤，恨不得给这种无聊的人几个耳光，可是他忍住了，非常谦虚地说："谢谢你的指点。"

聚会结束后，利特尔就开始了自己的"动作"，市场上的猪耳朵被利特尔公司暗中收购一空。购回的猪耳朵被利特尔公司的化学家分解成胶质和纤维组织，然后又把这些物质制成可纺织纤维，再纺成丝线，并染上各种不同的美丽的颜色，最后编织成五光十色的丝线袋。

这就是猪耳朵丝线袋，这种钱袋投放市场后，顿时被一抢而空。

"用猪耳朵制丝线袋"，利特尔做到了。那些不相信科学是企业的翅膀，同时也看不起利特尔的人，不得不对利特尔刮目相看。

利特尔公司从此名声大振。

利特尔听出了大亨的弦外之音，不露声色，暗地里做好准备，收购猪耳朵，并通过科学的方法将猪耳朵制成丝线袋，不仅为自己带来了经济利益，还迎击了大亨的挑战，一举成名。

的确，现在人们在交往的时候经常会说一些富含深意的话，或是因为场合不合适，只能说一些模棱两可的话。我们在与人沟通的时候，应该会听话听音，有些话是弦外有音，如

果对于听到的话不再加以分析，有时可能会领会错说话者的意思。

然而，在现实的交流过程中，一些人听不到别人的弦外之音，经常会闹出笑话。比如有个女人的品位不怎样，但还老是喜欢四处招摇，有人就说她："这件衣服真是适合你穿着去外交啊！"她以为别人是在夸她，还在心中沾沾自喜，这样的人就是不会听话外音的人。

因此，在观察他人的过程中，你不仅要学会观察他人的举止，还要懂得倾听，因为很多时候，对方传达的信息并不是直接陈述的。

那么，具体来说，我们该怎样从倾听中听出弦外之音呢？

1.根据说话的语气来判断对方的态度

生活中，我们能从别人的语气来看出他与你交谈时的情绪等，而留意了他的语调、语速变化，你就留意到了他的内心变化。有些语调变化是故意的，那是他想向你传达某些信息。而有些语调变化是潜意识的，你则可以发现他的情绪变化，以便随时调整你的接话内容。

2.鼓励对方多说

任何人在谈话的时候，都希望自己的意见和观点得到认同、理解。因此，如果你能在接话中表示出对对方的理解的话，那么，他是很愿意继续说下去的。对此，你可以在倾听后

适当地加入一些简短的词汇，比如，"对的""是这样""你说得对"等，也可以点头微笑表示理解。当然，你还需要做到专心倾听，并与对方偶尔进行眼神交流，切不可心不在焉。

总之，在与人沟通的过程中，我们必须学会看穿他人心思的本领。看人不能看表面，也不要凭三言两语武断地断定一个人，只有多方观察，从举手投足、眼神、表情等各个方面综合判断，才能准确判断他的心思、用意。而学会倾听，训练自己看透他人的心态，可以说是能巧妙接上他人的话、促使自己圆满处理人际关系的重要条件。

先从语气中听出对方的情绪，再决定如何接话

生活中，人们常说："祸从口出。"这句话是告诫我们做人做事一定要谨言慎行，不可毫无顾忌地说话。但从这句话中，我们还可以得出的结论是，与人沟通，要想看清别人，可以从对方的语言着手，当然，大多数时候人们是不会直接表明自己的想法和情绪的，这就需要我们自己感知，其中一个重要的方面就是语气。要知道，任何一句话，都是带有感情的，因此，就产生了语气。

一个人说话的语气，是承载这句话的基础，它会让这句话

第1章 懂得倾听，才能把话接得好

所传达的情感更加丰富。当别人笑着很亲切地说："真是一个混蛋！"你可以把这句话当成一个玩笑。但是同样是这句话，当人们咬牙切齿地说出来时，你就要认真对待了，否则，很可能最后会酿成悲剧。很多时候，一句话并不是光用耳朵听就可以明白的，还需要用眼睛去看，用心去想，最终你才能理解这句话的含义。因此，我们只有先根据对方的语气揣摩对方的心理，再决定怎么接话，这样才能在交流中有的放矢。

我们先来看下面一个故事：

这天，医疗器械推销员琳琳来到某客户家，开门的是位年轻的太太，很明显，这位太太很不高兴，脸上还挂着没擦干的泪水，琳琳赶紧说："太太，您怎么了，遇到什么伤心的事情了吗？"

"没有，你是哪位，我不认识你！"

"我是一名医疗器械推销员，在敲开您的门之前，我是准备向您推销产品的，可是当我看到您一脸的愁容，我觉得我有其他的使命了。"琳琳说。

"真是很感激你，其实，我没什么事。"

"家家有本难念的经，我能理解，尤其是咱们女人，要操持好一个家，努力经营好一段婚姻，真不是一件容易的事。"

客户："你说得太对了。我的丈夫就是一个永远不知足的

男人，我这么努力，家里家外，他却一回来就跟我吵架，甚至连我做的饭都不吃，我都不知道该怎么办了，难道他喜欢上了别的女人？"

这里，琳琳发现，这位太太在谈到自己的丈夫时，透露出来的是不满和疑虑。于是，接下来，琳琳说："太太，我觉得您需要勇敢一点，要和您的丈夫谈谈，这样才能解决问题，不然即使您再伤心，他也不知道啊。"

在琳琳的引导下，客户说："你说得有道理。我是该找个机会和他聊聊。对了，你刚说你推销医疗器械，是什么样的产品呢？"

……

这个故事中，客户之所以对女销售员琳琳放松警惕，是因为琳琳从她的语气中了解到她的心病，并以坦诚的态度道明自己的原本来意和对她的关心，最终让她感同身受，于是，她的心就彻底向琳琳敞开了，也就把琳琳当成了情感倾诉的对象，主动问及产品更是水到渠成的事。

语言是内在最好的表现，是表达心声的最佳武器，而语气则具有隐性的特点。因此，你若想掌握他人心理进而施展口才的话，那么在与人交际的过程中，你就要学会观察对方的语气。假如他说话高高在上，那么他必定是个得意之人，这样的人，你需要小心说话，以免生事端；假如他说话轻声细语，那么他就是个性格温柔之人，但也可能绵里藏针，这样的人你更要提防；也有一些人说话大声爽朗，他们的性格和他们的声音一样，开朗大方；而更有一些人，他们说话诚恳，不矫揉造作，这样的人，他们谦虚恭敬、平易近人，这样的人才能获得别人的诚心相待。

因此，训练自己根据语气掌握对方心理，可以说是促使自己圆满处理人际关系的重要条件。那么，具体来说，该怎样根据对方谈话的语气想出一些接话对策呢？

1.听出对方的情绪和意图

在各个场合你都要"听话听音"。一个人即使不和你说真话，他的语气同样会暴露出他的性格、愿望、生活状况甚至他的意图。潜藏在人内心的冲动、欲望等，总是会通过某个方面体现出来，所以可借助语气来读懂他的心思。只有你准确地理解他的情绪，才能准确地分析他的心理，才能看准他人的本质。

2.看准他人的意图再说话

在说话前，你必须先了解对方谈话的意图，再做出相应的语言回应，才能让交谈有利于你。比如，如果你是个求职者，在回答问题时，应当适时正视面试者。如果对方对你凝视倾听，你就需要对回答的问题做较为详尽的描述；如对方只是随

 接话的技巧

声附和或眼神出现游离,则应快速结束此话题,求职者不可认为自己对这方面较为了解而夸夸其谈。

适时反馈,沟通桥梁不会断

我们都知道,沟通有三要素——倾听、反馈、表达,科学研究表明耳朵所收集到的信息比眼睛要多得多。"万言万当,不如一默。"意思是人说一万句话,哪怕全部是正确的,也不如沉默不说一句。由此可见倾听的重要性。但我们要明白一点,无论什么情况下的沟通,都是有一定的沟通目的的。因此,要做到高效沟通,就必须在倾听中抓住问题的关键点,并适时做出反馈。只有这样,才能将话题巧妙接下去,并达成我们想要的交流效果。

小雪在一家书店工作,她很热爱这份工作,不仅因为她在没事的时候可以看各种图书,还因为她为很多读者推荐了适合他们的书籍。

有一天,店里来了一位20多岁的年轻男人,他在店里转了转后,就停留在了摄影类书籍的书架旁,此时,小雪走了过去,打招呼说:"您好,先生,您是要购买关于摄影方面的

书吗？"

年轻男人回答说："我随便看看。"小雪知道客户不愿意跟自己说话，于是，她站在一旁，并没有多说什么。这位先生又在摄影类书籍书架旁翻阅了很久，不知道究竟买哪一本好，显得左右为难的样子。

此时，小雪觉得时机已经成熟，于是，她再次走过去，对那位先生说："先生，请问您想购买什么样的书呢？"

年轻男人："我想买一些摄影类的书看看，但是我不知道该买哪一本好。"

小雪："是啊，现在不少人喜欢摄影，不知道您是想学习摄影技术还是有其他需求呢？"

年轻男人："哦，是这样的，我刚进入一家杂志社工作，想跟摄影老师多学习一些摄影方面的知识，因此想买点这方面的书看。"

小雪："要是这样的话，我建议您买一些基础类的教材吧，先了解一下，这本就很不错。因为摄影本身也挺难的，一开始就买高难度的，可能会欲速则不达。"

最终，客户选购了一本摄影基础类读本。

我们发现，案例中的图书销售员小雪是个善于倾听的人。刚开始，在客户刚刚光临的时候，她热情的帮助被客户拒绝

后,她并没有继续"纠缠"客户,而是等客户真正需要帮助的时候再出现。在得到客户肯定的回答后,她开始一边倾听,一边引导客户继续说,进而逐渐让客户主动说出自己想购买的书籍类型,从而很好地帮助顾客做了决定,完成了销售目的。

这个故事给我们一个启示:倾听不能只是一味地听,而要认真听出问题的实质,才能在反馈时做到对症下药,否则就会本末倒置。而且,倾听是有效沟通的重要基础。善于倾听的人总是注意分析哪些内容是主要的,哪些是次要的,以便抓住其背后的主要意思。

相反,不给予反馈是沟通中常见的问题,许多人误认为沟通就是"我听他说"或者"他听我说",常常忽视沟通中的反馈环节,不反馈往往会导致两种结果:

(1)信息发送方(表达者)不了解信息接收方(倾听方)是否准确接收到了信息。

(2)信息接收方无法澄清和确认是否准确地接受了信息。

反馈就是在交流沟通中要接的话,指在沟通过程中信息的接收者向信息的发送者做出回应的行为。一个完整的沟通过程既包括信息发送者的表达和信息接收者的倾听,也包括信息接收者对信息发送者的反馈。

那么,具体来说,在沟通过程中,我们应该如何反馈呢?

1.倾听

不管是自己的朋友、同事,还是领导、客户,在沟通的时候,倾听对方表达的内容和目的非常重要。

这里,有几个关键点:

(1)对方的问题点。听出对方的问题点,也是倾听的重要内容,因为有时候对方是不会坦诚相告某些问题的。

(2)情绪性字眼。当人们感觉到痛苦或兴奋时,通常会通过一些对话中的字眼来体现,比如"非常不满意""太好了""真棒""怎么可能"等,这些字眼都表现了他们的潜意识,表明了他们的深层看法,我们在倾听时要格外注意。

2.反馈

对方表达完后,要适时给予回应,也就是反馈,要及时、明朗、不含糊地给予认同或肯定。用"是的、对、嗯、是啊"等来回应都是可以的。

3.表达自己的观点

与对方的观点如有冲突或者自己认为有异议,也要先给予肯定,再说出自己的想法、观点,但是也要有度,恰如其分。

 接话的技巧

不必每句话都接，适时沉默反而更有效

语言是我们表达个人思想最重要的工具，每个人都希望通过完美的口才展示一个不一样的自我，并以此来说服别人。但是，有时候滔滔不绝、喋喋不休的语言攻势，反而会激起对方的抵触情绪，无论你说得多么动听、有道理，对方都不愿意配合你的工作。如果你不达目的誓不罢休，一再追问，非但不能达到目的，反而还会激起对方更强烈的反抗。因此，与人交流时，某些情况下，当别人说完后，我们并不是非要接话，此时可以采用无声沟通术来与别人进行交流。换言之，就是采用沉默的方法来应对那些不合作的人。因为，沉默能够给对手带来一定的压力，也能够让自己占据主动，甚至能让对方改变态度，主动配合你的工作。

一家公司的保险库被盗，丢失大量珍贵物品。经过调查，警察将目光锁定在了保管员约翰的身上，因此传讯了他。

审讯员问他："听人说，你是一名电脑高手，从我们掌握的资料上来看，作案者也是一名电脑高手。这名犯罪分子侵入了公司的安保系统，让所有的安保设施全部失效，你对此有什么看法吗？"

约翰回答说："在这个问题上我有权保持沉默，因为这事

和我一点关系都没有。"

审讯员继续追问："既然你是一名电脑高手，为什么却甘心做毫无前途可言的保管员呢？"

约翰回答说："这是我的自由，你管不着。"

审讯员无奈只好退出，换由老探员乔恩来审讯。

乔恩一言不发，只是用眼睛死死地盯住约翰。约翰慌了神，说："你有什么要审问的，只管问好了，别在这里浪费时间。"

乔恩依然不说话，还是一直盯着约翰。很快，乔恩承受不了了，眼珠乱动，浑身打战。乔恩抓住时机怒喝一声："老实交代，你究竟把那些物品藏到哪里了？"

"这个，这个……"结结巴巴的约翰慌了神，最后，不得不主动交代了一切。

在很多人的印象中，一般都认为说服别人需要有较好的口才，能够用语言攻势打败对方，让对方折服。其实，这种方式未必有效，在适当的时候采取沉默战术，往往能够起到更好的说服效果。

在生活中，我们经常会面对一些防御心非常强的交流对象。和他们沟通，无论你多么耐心、多么委婉，也无论你采用什么方式，都不能让其听从你的建议。遇到这种情况，我们就

 接话的技巧

应该采取沉默的方式。事实上，这种方式往往能够起到非常好的效果。

　　约瑟夫是一名空调公司的员工，主要负责空调的售后工作。

　　一天，公司收到了一名客户的投诉信，这封投诉信言辞犀利，话语里都是不满。为了弄清真相，公司派约瑟夫到这个客户的家里调查一下情况，做出合适的处理。

　　当约瑟夫进入客户家里后，客户表现得既愤怒又傲慢，对他们公司的产品提出了强烈的质疑，并说若不能妥善解决，就去投诉。约瑟夫并未反驳，而是先去认真看了空调，发现客户所说的问题是因为其使用不当造成的，责任不在公司。但是他想："我来的目的不是和客户吵架，而是来解决问题的。"于是，就在客户大发牢骚的时候，约瑟夫静静地坐在那里，一言不发。

　　等客户发泄完之后，约瑟夫才向其解释了原因，并提出了解决方案。

　　客户听完，就拍着他的肩膀说："年轻人，你说的话虽然不错，不过我还是比较痛恨那个混蛋空调公司。"约瑟夫见他余怒未消，再次选择了沉默的态度。接着，客户又说："不过，看在你的面子上，我以后再也不会写投诉信给你们公司

了。"约瑟夫听后，如释重负。

生活和工作中的许多事情，并不是仅靠分辨是非就能妥善解决的。假如你一上来就发动猛烈的语言攻势，很容易就会激起对方的逆反心理，你也就很难再去说服别人。这是因为，当你向对方发动语言攻击的时候，声音中就带有强烈的火药味，脸上也会不可避免地带有一些敌视的神情，对方在逆反心理作用下就会表现得比较急躁和愤怒，很可能会做出一些更出格的选择，最终导致事情出现僵持的局面。

沉默并不是一些人眼里的理屈词穷、狼狈不堪，相反，沉默却显示了一个人的品格与智慧。在工作中，会有无数难以说服的人，他们总是对你的苦口婆心和推心置腹无动于衷，甚至还会冷言相讥。遇到这种情况，你就没有必要再想方设法运用语言来说服他了，而是应该适当地采取沉默的方式应对。因为这种方式代表着一种强大的力量，能够有效地化解对方的敌视心理。

第 2 章

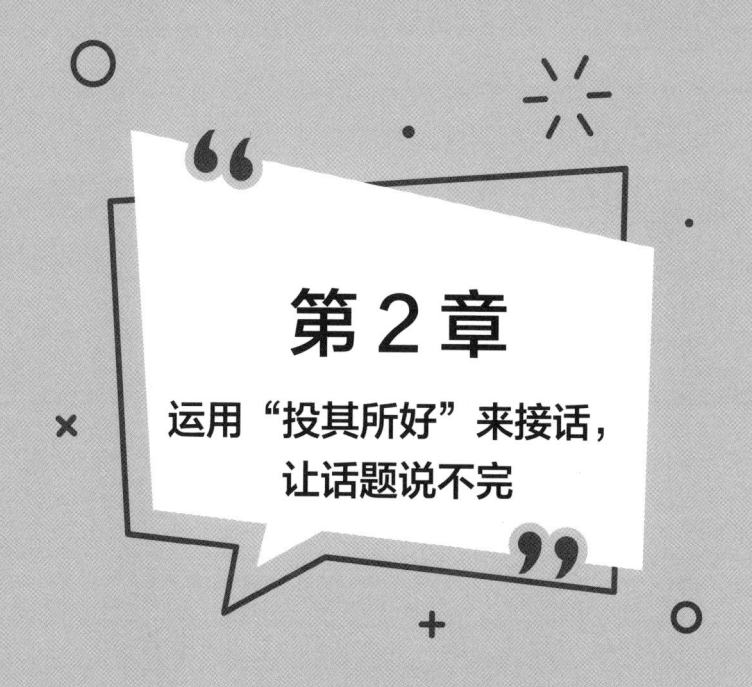

运用"投其所好"来接话,让话题说不完

我们都知道,语言是人与人之间交流的桥梁,没有语言就没有相互交流的平台,而在交流中,有发话就有接话,在接话上,不少人总是企图在语言上胜出,以此来让别人接受自己的意见或者观点,而结果总是事与愿违。其实,这是因为他没有了解到人性的弱点——都爱听自己想听的,如果我们懂得在接话时投其所好,多认同、赞美对方,并运用共同点来引导,那么,一定能达成一种心理认同感,进而有利于接下来的沟通。

接话的技巧

察言观色，接话前先了解对方想听什么

现实生活中，可能一些人认为，说话并不是一件容易的事，尤其是在与人沟通的过程中，他们常常陷入和交谈对象"话不投机半句多"的境地，也有一些人，他们还未开口前就懂得察言观色、投其所好，总是能让听者喜笑颜开。不得不说，说话之难，难就难在对象犹如变色龙般捉摸不定，你若一言面对所有人，那就说明你"不会说话"，更别提接话了。

事实上，在人与人沟通中，接话投其所好是一种高超的心理沟通技巧。要想和他人顺利交流，首先你就要学会针对对方感兴趣的点说话，用动听的语言打开对方的心房。一般而言，当人们的意见、观点一致时，彼此就会相互肯定、信任，反之，就会彼此否定，产生防备心理。所以，那些接话高手在与他人沟通之前总是先细细揣摩对方的喜好，然后尽量迎合他，满足他的欲望。事实也证明了这一点，谈话中，没有人会对自己不感兴趣的话题投入过多的热情，而如果遇到自己感兴趣的话题，他们常常会情绪激昂地参与进来。因此，在与人沟通中，你也可以抓住对方的这种心理，深刻了解对方，并与对方

和谐相处，从而实现进一步的交流。

因此，生活中的人们，要想在沟通中得到对方的认同，并取得良好的沟通效果，就要先彻底了解对方的所"好"，知己知彼，真正做到迎合对方，投其所好。

作为一名销售人员，陈玉最近要写一份市场报告。但这份报告的资料确实很难寻找到。通过打听，她得知，有一家工业公司的董事长拥有她需要的资料。于是，陈玉便前去拜访。秘书告诉陈玉，这些机密的资料，董事长是不会交给她这个陌生的推销人员的。随后，陈玉听到秘书对董事长说："今天没有什么邮票。"打听后，陈玉得知，原来董事长在为儿子收集邮票。

陈玉走进董事长办公室之后，刚开始并没有提及资料的事儿，而是先从儿子谈起。

"您办公桌上照片上的人是您的儿子吧，我也有个这么大的孩子，很调皮，不过有个很安静的爱好，他喜欢收集邮票。"

听到这话，董事长两眼放光，"是吗？现在的孩子真是不好伺候，除了要给他充足的物质生活，还要时刻关注他的思想动态，稍不留神，他就会闯祸，甚至在学校不听课、打架，尤其是男孩子，越来越不好管教了。"

"是啊,我昨天还被老师叫到学校了。"仔细听完这些后,陈玉点头回答道。

"对了,你说你的儿子也喜欢收集邮票,他通常都是自己收集?"

"是的,董事长。"

"那你比我好多了,我每天都要叮嘱秘书为我留意邮票呢!那你什么时候能把你儿子的邮票带给我看看吗?"

"当然可以,我还可以送您一些!"

"真的吗?真是谢谢!乔治他一定喜欢,准把它们当无价之宝。"董事长连连感激道。

接下来的时间里,陈玉一直和董事长在谈邮票。临走时,秘书稍微提及了一下资料的事,没想到,还没等陈玉开口,董事长便把她需要的资料全部告诉了她。

我们可以看出,销售员陈玉是个懂得投其所好说话的人,她之所以能拿到自己需要的资料,是因为她在说话时就从董事长最关心的问题开始谈起——他的儿子喜欢收集邮票。当她激发起董事长的谈话欲之后,她转变接话方式,把谈话主动权交给对方,自己充当倾听者的角色,在倾听的同时,她对对方的谈话内容表达了赞同的意见,从而引发了共鸣。

从这个故事中,我们可以看到接话要说对方想听的话的重要性。卡耐基也曾经说过，如果想要和他人顺利沟通，并成功地获得他人的好感和认同，最好的方法就是和对方谈论他感兴趣的话题。

其实，交谈中，会不会接话是有技巧的，这并不需要我们巧舌如簧，而是要懂得把话说到对方心坎里，这就是投其所好，对方高兴了，自然愿意听你的意见。而首先，我们必须要猜透对方心理。

所谓猜透对方心理，无外乎两个原则：

1.饰其所矜

那些他认为骄傲的、值得夸赞的地方，你一定要渲染一下，以提高他的听话兴趣。

2.减其所耻

他自认为不足的、过去做过的亏心事等，你要会为其辩解，从而使其放心。

站在他人的立场上分析问题，能给他人一种为他着想的感觉，这种投其所好的技巧常常具有极强的说服力。要做到这一点，"知己知彼"十分重要。唯先知彼，而后方能从对方立场上考虑问题。

此外，在交流过程中，你也要学会通过对方的手势、姿势、表情及当时的整个反应，去分析对方的感情变化，体会对方的话语意义，要知道，对方说话时的感受要比他的话语本身更重要。

说别人喜欢听的话，双方都会有收获

著名的口才大师卡耐基说："即使你喜欢吃香蕉、三明治，但是你不能用这些去钓鱼，因为鱼不喜欢它们，你想钓到鱼就必须下鱼饵才行。"这句话的含义是，人与人之间的沟通中，我们要学会变通，要和对方和平相处，并得到对方的认同，就要彻底地了解对方的所"好"，了解对方喜欢听什么，只有这样，才能在接话时迎合对方，投其所好。

罗斯福是一位博学多才的总统，这一点，只要是拜访过他的人，都会有所体悟。无论你是政治家、哲学家、运动员还是工人，他都能针对你的职业或特长与你交谈。原因很简单，当罗斯福知道访客的特殊兴趣后，他都会在前一天晚上预先研究这方面的资料，以此来作为第二天交谈时的话题。因为罗斯福很清楚，抓住人心的最佳方法，就是谈论对方感兴趣的事情。

罗斯福这样做狡猾吗？不！谁不希望别人对自己最喜欢的事物感到兴趣呢？"说别人感兴趣的话，双方都会有收获"，

第2章 运用"投其所好"来接话,让话题说不完

谈论别人感兴趣的东西能够很容易拉近人与人之间的距离。

曾经有一位国王,梦到自己的牙齿都掉光了。他召来智者为其解梦。这个耿直的智者愁眉苦脸地对国王说:"陛下,每掉一颗牙齿,就意味着您将会失去一个亲人。"国王听后勃然大怒:"你竟敢信口开河胡说八道,给我滚出去!"

国王不甘心,下令找来另一位智者。这位智者一脸喜气地对国王说:"高贵的陛下,您真有福气呀!这梦意味着您会比所有的亲人都长寿。"国王听后大喜,奖赏第二位智者100个金币。

年轻的礼宾官很不理解地问:"您对梦的解释其实同第一位智者的解释在本质上是一样的,为什么他受到的是重罚,而您得到的却是重奖呢?"

智者先讲了一个简短的寓言故事:"有一位年轻貌美的姑娘,一丝不挂、满身污垢地去见国王。国王看后将她赶了出去。后来,这位姑娘把自己洗得干干净净,如出水芙蓉一般,穿上了漂亮的服装之后又去见国王。国王高兴地接见了她,并将其留在身边。这位姑娘的名字就叫'真理'。"智者又说:"任何时候都要坚持讲真话,但人们听了赤裸裸的真理往往会觉得刺耳,所以,在说出真相的时候也要选择适当的方式。要学会给你的语言穿上华美的外衣。"

接话的技巧

西方有句格言："请用花一样的语言说话。"语言的巧妙让很多人受益匪浅，这两个智者对同一件事做解释，本质上的意义是一样的，只是因为表述方式的不同，就得到了大相径庭的结果。谁都喜欢听好话，喜欢别人把自己往好处说，如果你偏偏用晦气的语言讲出来，那就只能自认倒霉了。

那么，具体来说，我们该如何说别人喜欢听的话呢？

1.察言观色，想说好听的话也别口无遮拦

清朝时，一位刚上任的县令在初次拜谒上级时不知道该说什么，想了半天，终于开口了："大人尊姓？"这位上级很吃惊，勉强说了自己的姓氏。

县令低头想了很久，说："百家姓中没有大人的姓。"

上级更加惊异，说："我是旗人，贵县不知道吗？"

县令又站起来，说："大人在哪一旗？"

上级说："正红旗。"

县令说："正黄旗最好，大人怎么不在正黄旗呢？"

上级勃然大怒，问："贵县是哪一省的人？"

县令说："广西。"

上级说："广东最好，你为什么不在广东？"

县令吃了一惊，这才发现上级满脸怒气，赶快走了出去。

不久，这位县令便被借故免职了。

我们从这里不难发现，这位县令原本想赞美领导，但却因为不会察言观色，口无遮拦，才会引得领导发脾气，自己也被免职了。案例中，县令第一次询问"大人尊姓"的时候，领导就面露吃惊的神色，意思是"作为下属，怎么能直接问这样的问题呢"。紧接着，因县令不懂得"观色"继续发问，领导的神情由"惊讶"变得"愤怒"，自然而然，县令也为自己的鲁莽付出了代价。

2.多提及对方喜欢的事

那些深谙赞美之道的人往往都有一个经验，那就是多提及对方关心、喜欢或者自豪的事情，因为渴望被人重视是每一个人的共性。为此，我们有必要多花心思研究对方，对他的喜好、品位有所了解，这样才能顺水推舟。

3.交流以对方为中心

在交流的过程中，要明白主角永远是对方，而你必须自始至终完全扮演配角才可以。如果本末倒置，在交流过程中以自己为中心，只是洋洋自得地反复谈论自己的事情、自己的爱好，只管发表自己的看法，而不从对方的角度考虑，这样难免会引起对方不快。所以，我们应尽可能寻找彼此间共同关心的话题。

可见，无论出于什么目的的沟通中，对方的心情在其中都起到重要作用。如果你不顾对方心情与感受，打一个招呼就开始讲自己的来意，迫不及待地反复强调自己的想法如何如何，以及帮助自己有什么好处，这样往往事与愿违。因此你最好不要一开始就切入正题，而是先勘察现场气氛，进行一番巧妙的赞扬，以拉近彼此的心理距离。

赞同法接话，令对方更乐意向你倾诉

在这个强竞争、高压力的社会中，很多人认为自己不被他人理解，最重要的一点，就是找不到属于自己的听众。每个人都有表达自己、被他人理解的欲望，所以，都希望他人扮演听众的角色。有了快乐的事情，希望说给他人听，跟人分享；有了不开心的事，也希望与人倾诉。当然，除了这一点外，人们也希望能通过倾诉获得他人的赞同和理解，而不是反驳和训斥。因此，与人谈话，我们在接话时多给予对方赞同，会使对方心情愉快，换来对方的理解和信任。

小王是一名电脑推销员，他一直认为自己擅长推销，可最近，他遇到了一个难题：在向某公司推销电脑时，公司负责人把决定权交给了一名技术顾问——顾教授，而这个顾教授似乎有点"难搞"。

经过考察，顾教授私下表示，两种厂牌，各有优缺点，但在语气上，似乎对竞争的那一家颇为欣赏，小王知道问题出现了。于是，他准备进行最后的努力。

这天，他找到了顾教授，向这位顾教授口沫横飞地辩解他所代理的产品如何地优秀，设计上如何地特殊，希望借此改变顾教授的想法，谁知道，还没等他说完，顾教授不耐烦地冒出了一句话："究竟是你比我行，还是我比你懂？"这话如五雷轰顶一样打醒了小王，不过似乎已经晚了。

当小王垂头丧气地回到公司，向同事诉说这件事后，一位同事告诉他："为什么不干脆用以退为进的策略推销呢？"并向他说明了"向师傅推销"的技巧。"向师傅推销"，切记的是要绝对肯定他是你的师傅，认同他的观点，抱着谦虚、尊敬、求教的心情去见他，一切的推销必须无形，伺机而动，不可勉强，不可露出痕迹，方有效果。

于是，小王重整旗鼓，再次拜访顾教授。见了面，他一改自己的说话习惯，对顾教授说："顾教授，今天，我来拜访您，绝不是来向您推销。我读过您的大作。上次跟您谈过后，我回家想了想，觉得您分析得很有道理。您指出我们所代理的电脑在设计上确实有些方面比不上别人。顾教授，您在××公司担任顾问，这笔生意我们尊重您的决定。不过，顾教授，我希望从这笔生意上学点经验……"小王说话时一脸诚恳。

顾教授听了后，心里又是同情又是舒畅，于是带着慈祥的口吻说道："年轻人，振作点。其实，你们的电脑也不错，有些设计就很有特点。唉，我看连你们自己都搞不清楚，譬如说……"顾教授谆谆教导，小王洗耳恭听。这次谈话没过多久，生意成交了。

案例中，推销员小王可谓是一场虚惊，如果他没有接受同事的建议，而忘记在倾听中赞同、学习客户意见的重要性，那么，这次推销肯定会以失败告终。

的确，人们都有这样的感觉：与志趣相投的人谈话其乐无穷，与志趣相异的人谈话，会感到"话不投机半句多"，也就是说，人们都喜欢交谈对方能赞同自己。掌握人们的这一心理，我们在交谈时，多肯定对方，让对方感到你与他志趣相投，对方一定乐意向你倾诉。

可以说，在接话技巧中，最重要的就是掌握"赞同别人"这一艺术。事实上，这也是我们这一时代智慧的结晶之一。也许，在你的生活中再也找不出像"赞同别人"这样简单的谈话技巧了。

那么，在与他人说话时，怎样运用"赞同别人"这一艺术来接话呢？

1.要有赞同的态度

如果你根本不赞同对方的观点，那么，切不可虚伪作态，因为这样你的一言一行都是假惺惺的，你自己都无法说服自己，又怎么能说服别人呢？

2.不赞同也不要直接表示反对

直接反对只会导致双方的争执，这样你会很快与人发生矛盾，你会失去很多。所以，请不要轻易否定别人，除非不得不这样做。

3.当你赞同别人时，一定要表达出来

不要指望你的暗示能让对方感受得到，要让他们知道你赞同他们的意见，不妨直接说出来，"我同意您的说法""您说得很对，我完全赞同"或"我认为您的看法很好"。

4.避免与人争论

人际关系中最忌讳的就是与人争论。因为没有人能从争论中获胜，也没有人能从争论中赢得朋友。即使你是对的，也不要争论，这不是解决问题的最好办法。请你务必记住这一点。

赞同艺术能有效的根源在于——人们喜欢赞同他们的人；人们不喜欢反对他们的人。从今以后，请积极地赞同别人吧！只要你懂得并善于运用赞同的艺术，你就会成为一个受人欢迎的人。

接话的技巧

接话时多聊对方的喜好，能架起沟通的桥梁

在日常生活中，我们每个人都有自己的爱好和感兴趣的事，也有自己擅长的事情，琴、棋、书、画，养花种草等。爱好是一个人的乐趣所在，就是通常意义上人们说的快乐。一般情况下，为了获得这种快乐，人们都会愿意付出人力、物力和财力，甚至是情感的投入。如果你能投其所好，就会与其成为朋友，而相反，你若冲撞他的爱好，轻则讨人嫌，重则让对方怒气冲天。尊重别人的爱好，可以赢得别人的喜欢，因此，在与人交往的过程中，我们要学会投其所好，多聊对方的兴趣爱好，这样才会架起成功沟通的桥梁。

德国实业家中，有一个叫哈根的人，一次他因为开发公寓需要一笔资金，于是，他前去拜访银行经理肖夫曼，希望对方能给自己贷款。以下是他们二人的对话。

哈根："肖夫曼经理，您好，今天温布尔敦网球赛停赛，我估计在办公室准能找到您。"

肖夫曼："哈哈，哈根先生对网球也有浓厚兴趣？"

哈根："好汉不提当年勇。年轻时，我还参加过温网赛呢，可惜第一回合就被淘汰了。"

肖夫曼："哦，原来是温网英雄。"

第 2 章
运用"投其所好"来接话，让话题说不完

两人自然聊到网球球星的许多轶事，这让肖夫曼觉得两人十分投缘，大有相见恨晚之感。最后，哈根如愿以偿，与银行达成了利率优惠的贷款协议。

哈根之所以能从银行顺利贷到款，是因为他预先了解到肖夫曼有个爱好：网球。于是来了个"投其所好"，巧妙地打开了肖夫曼的话匣子，下面的业务问题就自然好谈得多。

有位先生A和朋友去拜访一位教授，希望这位教授能为自己的学业指点迷津。这教授为人严肃，平时不苟言笑，坐了半天，除了开头说了几句应酬话，剩下的只是让人尴尬的沉默。

忽然，A先生看到教授家养的热带鱼，其中几条色彩斑斓，游起来让人眼花缭乱。A先生知道这鱼叫"地图"，自己也养了几条，还很得意地为朋友介绍过。

教授见A先生神情专注，就笑着问："还可以吧？才买的，见过吗？"

A先生说："还真没见过。叫什么名字？我也打算养几条呢！"当时他的朋友不解地看看他，心想装什么糊涂，不是上星期才到你家看过吗？

可教授一听，来了兴致，神采飞扬，大谈了一通养鱼经，A先生听得频频点头。A教授像是遇到了知音，说说笑笑，如

041

接话的技巧

数家珍地给他讲每条鱼的来历、名称、特征，又拉着他到书房看他收集的各类名贵热带鱼的照片，气氛顿时活跃起来。他们一直聊到吃过晚饭才走，教授也答应下次让A先生带上不懂的书籍过来，朋友才突然领悟到A先生说谎话的用意。

一句谎话使教授前后判若两人，本来几乎陷入僵局的交谈又顺利地进行下去了，这都归功于一句谎话。若据实相告，那很可能会继续"尴尬"下去。

史蒂夫·鲍尔默曾经对手下的微软经理说："不要成为一个喜欢泼冷水的人。"纽约著名银行家杜威诺则说："我仔细研究过有关人际关系的丛书后，发现必须改变策略，我决定先找出这个人的兴趣所在，然后想办法激起他的热忱。"

当然，了解交际对方的爱好和兴趣所在，并不是曲意逢迎，民间有句话"千穿万穿，马屁不穿"，是指人人都喜好顺耳之言，这本身就是人性的特点之一。但在与人交际的过程中，故意地投其所好迟早会被对方发现，这无疑是给自己埋下使人际关系路越来越窄的障碍。同时，我们也不要迁就自己去满足别人的快乐。

"有缘千里来相会""话不投机半句多"，两个意气相投的人聚到一起总会有说不完的话。因此，即使与陌生人交往，我们也应该细心观察，多寻找别人的兴趣所在，这样，谈话的时候才能寻找出更多的共同点,形成共鸣,迅速拉近距离,增进情感。那么,具体来说,我们该怎样挖掘别人的兴趣和爱好呢?

1.从对方关心的对象谈起

交谈时如能从对方十分关爱的对象切入,也是一种投其所好的方式,有利于打开交谈局面。

2.从对方最深切的情缘谈起

人是有情感的。交谈时,如果能从对方最深切的情缘切入,情深意切,往往能使其打开话匣子,达到交谈的目的。

3.从对方"在行"的话题谈起

常言道,三句话不离本行。人们都喜欢谈论自己在行的话题,因为它关系着一个人的成败与荣辱。因此,我们与人交流时,要接近对方,可以从他最擅长的话题谈起,常常能够引发对方的谈话兴趣,唤起对方的成就感,让他觉得与你有共同语言,有"话逢知己千杯少"的感觉,交谈就会有好的结局。而对于你所熟悉的专业学问,对方不懂,也没有兴趣,就请免开尊口。

总之,与人沟通,要从心理的角度,抓住有利时机,投其所好,打开对方的话匣子。做到这一点,就能成功接上话,交谈也就成功了一半。

接话的技巧

挖掘共同点，才能让彼此交流更愉快

生活中，你肯定有过这样的经历：曾经，在某个场合，你和某个陌生人闲聊，却发现你们曾经是一个中学毕业的，或者曾经学的是同一个专业，再或者你们都去哪里游玩过，此前的戒备心就会在很短的时间内消失，气氛会随之融洽起来。这是因为，人们都有这样的心理倾向，即使他是一个对对方抱有警戒心的人，一旦发现与对方的共同点，对对方就没有那么重的戒心了。这就是投其所好。因此，与陌生人沟通，投其所好，多挖掘共同点，彼此的交流会更愉快。

我们在与陌生人交流中，要想和对方一见如故，接话时就要在如何挖掘共同点上下功夫。与人交谈，你必须在缩短心理距离上下功夫，力求在短时间内了解得多些，拉近彼此的距离，才能在感情上融洽起来。孔子说："道不同，不相谋。"志同道合才能谈得拢，有共鸣才能使谈话融洽自如。

两个女孩在同一个车站等车，两个人都觉得时间漫长，无聊之极，于是，其中一个女孩甲主动打破沉默，对另一个女孩乙说："小姐姐，你坐车去哪里啊？"

听到对方主动开口，女孩乙回答："我去上海，你呢？"

甲："这么巧啊，我也是，那我们可以做个伴儿了，免得一路无聊。对了,你去上海做什么?"

乙:"我去看男朋友,国庆放假有时间,就去看看他。你呢?"

甲:"我家在上海,我在南京读书,国庆放假回家看看。"

乙:"你在南京读书,我也是啊,你在哪个学校读书?"

甲:"南京××大学。"

乙:"不是吧,这么巧啊,我们居然是校友,南京××大学真是太大了,我以前都没见过你……"就这样,两个人就所读的同一所大学聊开了。上车后,两人一路上聊得热火朝天,不知底细的人恐怕要以为她们是一道儿的呢。接着就是互留电话,下车后,两人还一起进餐,从此,两人变成了好朋友。

这两个女孩从相识到最终成为好朋友,就是因为她们有很多共同点,她们的目的地都是上海,而最重要的是,她们居然发现彼此在同一所学校。当彼此发现了这一点后,恐怕真有"相见恨晚""真是缘分"的感觉。这就是一种惺惺相惜的心理磁场,当这种心理磁场存在后,即使是陌生人,也能很快对彼此产生兴趣,打破沉寂的气氛。相反,如果我们在与人交际的时候,不从彼此之间的共同点入手,即使再有结识的欲望,也会无话可讲,或讲一两句就"卡壳"。

为此，我们可以从以下几个方面寻找共同点，针对不同的共同点，采取不同的表达方式。

1.以话试探，侦察共同点

为了打破陌生人交谈沉默的局面，开口讲话是首要的，有人以招呼开场，询问对方籍贯、身份，从中获取信息；有人通过听说话口音、言辞，判断对方情况；有的以动作开场，边帮对方做某些急需帮助的事，边以话试探。这种试探的方式，能迅速找出与对方的共同点，然后围绕此共同点迅速和陌生人展开话题。

2.听人介绍，猜测共同点

你去朋友家串门，遇到有生人在座，作为对于二者都很熟悉的主人，会马上出面为双方介绍，说明双方与主人的关系，各自的身份、工作单位，甚至个性特点、爱好等，细心人从介绍中马上就能发现对方与自己有什么共同之处。而这个共同处，就是你打开陌生人心扉的突破口。你要迅速抓住这个突破口，展开交谈。这当中重要的是在听介绍时要仔细地分析对方，发现共同点后再在交谈中延伸，不断地发现新的共同关心的话题。

3.揣摩谈话，探索共同点

为了发现陌生人同自己的共同点，可以在需要交际的人同别人谈话时留心分析、揣摩，也可以在对方和自己交谈时揣摩对方的话语,从中发现共同点。比如,你发现有人和你讲共同的家乡话,你可以以此为突破口,以乡音带动对方的谈话兴趣,使陌生的路人变为熟人,甚至发展成为朋友。

4.察言观色,寻找共同点

察言观色发现的东西,还要同自己的兴趣爱好相结合,自己对此也有兴趣,才有可能打破沉寂的气氛。否则,即使发现了共同点,也还会无话可讲,或讲一两句就"卡壳",打动交谈对方更是无从谈起。

另外,我们在与陌生人说话的时候,还要懂得求大同、存小异,把相互间相左的性格特点放在交谈的次要位置。譬如,交际的双方都有文学爱好,喜欢写文章,但双方却存在着较大的个性差异。这种情况下,就要选择前者作为交际的出发点,以共同的爱好来产生"共鸣"。若丢弃了共同的爱好而在不同的个性上去互相指责或计较,就会使本该合得来的双方变得"合不来"。

制造情感共鸣,达成同理心方能顺利接话

我们都有这样的经历,在走进一间陌生的房间,或是与一个不熟悉的人碰面时,在心里对自己说得最多的一句话就是:

"这个人是什么样的人,我可以和他交往吗?"的确,面对陌生人,人们总是本能地带有警惕和戒备的心理,这是人类在进化中形成的自我保护的方法之一。因此,如果你想迅速地拉近和陌生人的距离,进而与之沟通,首先就要制造情感共鸣,这样才能打开对方心门,进而为后面的顺利接话形成铺垫。

心理学上有个著名的概念——同理心,所谓同理心,就是要站在对方的角度和立场上思考问题。在人际沟通中,表达同理心是非常重要的,表达同理心能让对方意识到你跟他是始终站在一起的,无形之中就有效地拉近了双方的距离。

事实上,任何两个初次见面的人,都处于一定的心理戒备状态,彼此之间都会存在心理距离,而沟通的根本目的就在于打破这种心理隔膜,建立友谊,从而达到更深层次的交际目的。而如何拉近彼此之间的距离,最重要的一点就是我们要懂得发话和接话,制造出惺惺相惜的心理磁场,从而达成一种同理心。

1984年,美国总统里根前来中国访问。在中国官方人员的陪同下来到了复旦大学,在一间大教室里做演讲。

几百个陌生的面孔对这位蓝眼睛、黄头发的异国总统充满了好奇。里根总统和这些黄皮肤、黑眼睛的学子们完全是两个世界的人,但是,他的第一句话就引起了同学们的共鸣,使同学们对这位他乡来客充满了亲切的感觉。

他这样说道:"其实,我和你们学校有着密切的关系。你们的谢希德校长同我的夫人南希,是美国史密斯学院的校友呢。照此看来,我和各位自然也就是朋友了!"此言一出,几百个人的大教室里爆发出一阵热烈而又持久的掌声,学生们都把他当成了十分亲近的朋友,没有了陌生的感觉、抵触的心理。接下来,双方的谈话就十分地融洽宽松了。几小时的谈话过程,充满了笑声,双方都感到十分满意。

里根总统无疑是交际场中的高手,能够从互不认识的人中寻找他们的共同点,从双方的共同点切入话题,拉近双方的心理距离。打开一个良好的谈话局面,营造一个融洽的氛围。

那么,我们该怎样与初次交往的对象制造同理心呢?

1.寻找共同话题

这就要求我们善于观察,一个人的心理状态、性格、爱好乃至精神追求等,都或多或少地要在他们的表情、服饰、谈吐、举止等方面有所表现,只要你善于观察,就会发现你们的共同点。除此之外,我们还要学会揣摩、分析,因为对方很多信息都隐藏在交谈的话语中,细细分析才会有所察觉。

2.学会一些拉近彼此之间关系的语言技巧

我们可以多从以下几个方面注意自己的说话方式:

（1）多赞美对方。若想让对方觉得我们关心他，就该夸赞他的各种潜力；多赞美对方较不易为人所知的优点，可以加深对方对你的好印象；每次见面都找一个对方的优点赞美，是拉近彼此间的距离的好方法。

（2）与人交谈中，多叫几次对方的名字，增加彼此间的亲近感。不断地称呼对方的名字，往往会使刚刚才认识的人产生彼此已经认识了很久的错觉。

3.以好感为起点，让彼此之间的心理场更稳固

与人交往，找出共同话题，建立好感并不是什么难事，但要将彼此之间的关系更深一层，就体现你的语言水平了。发现共同点是不太难的，这只是谈话的初级阶段所需要的，你要做的是巩固、加深彼此间的关系。

总之，无论我们使用什么方法，一旦和对方产生了心理共鸣，人与人之间的摩擦事件与心理冲突会大大减少，就更容易建立良好的沟通氛围。所以，为了使自己的热情获得他人的正面评价，我们有必要在沟通前先热身，积极创造条件制造同理心，和对方站在同一战线上！

第 2 章
运用"投其所好"来接话，让话题说不完

接话时嘴甜一点，让他人喜欢与你沟通

人总是希望得到他人的赞美。无论是咿呀学语的孩子，还是白发苍苍的老人，都会希望获得来自社会或他人的得当赞美，从而让自己的自尊心和荣誉感获得满足。有位企业家说过："人都是活在掌声中的，当部属被上司肯定，他才会更加卖力地工作。"同样，我们与人交谈，在接话时嘴甜一点，把赞美、恭维人的话说到对方心里去，会让他人喜欢与我们相处。

法国的拿破仑就非常知道赞美的力量，而且他也具有高超的统帅和领导艺术。他主张，对士兵要"不用皮鞭而用荣誉来进行管理"。他认为：一个在伙伴面前受到体罚的人，是不可能愿意为你效命疆场的。为了激发和培养士兵的荣誉感，拿破仑对每一位立过功的士兵都加官晋爵，而且会在全军进行广泛的通报宣传。通过这些赞美和变相赞美，去激励士兵勇敢地战斗。

另外，美国历史上有一个年薪百万的高管名叫史考伯，是美国钢铁公司的总经理。有记者曾经问他："您的老板为何愿意一年付给您超过一百万的薪水呢？您到底有什么本事能拿到这么多的钱？"史考伯回答说："我对钢铁懂得不多，但我最大的本事是能鼓舞员工。而鼓舞员工的最佳方法，就是表现出

对他们真诚的赞赏和鼓励。"史考伯就是凭着会赞美他人而年薪超过一百万的。有趣的是，史考伯到死也没有忘记赞美人。他在自己的墓志铭上写道："这里躺着一个善于与那些比他更聪明的下属打交道的人。"

克莱斯勒公司为罗斯福总统制造了一辆汽车，因为他下肢瘫痪，普通的汽车他无法使用。

当工程师将汽车送到白宫时，罗斯福总统已经出来迎接了，且罗斯福对这辆小汽车表现出了极大的兴趣："我觉得简直不可思议，只需按按钮，车子就能跑起来，真是太奇妙了！"

站在一旁的朋友们也在欣赏汽车，总统当着大家的面夸奖："我真感激你们花费时间和精力研制了这辆车，这是件了不起的事！"总统接着赞赏了车的散热器、车灯等。也就是说，他将车的每个细节都提了一遍，并坚持让夫人和他的朋友们注意这些装置。

这些具体的赞美，能体现你的真情实意。的确，赞美本来的目的就是要让对方感受到你的认同、肯定和赞赏，然而若是赞美不当，就如同隔靴搔痒，不但不能起到好的作用，还让对方认为你是在"拍马屁"，进而对你产生厌恶。

可见，赞美他人是件好事情，但并不是一件简单的事。尤其是那种毫无根据、泛泛而谈的赞美，更有奉承之嫌。那么，我们该怎样说才能让赞美有事实依据呢？

1.先做调查和了解，不可胡乱开口

你在开口前，最好先确定你要说的话是真实的、有事实依据的，而不是为了赞美而编造出来的谎言，因为你的赞美之言一旦不属实，不但起不到愉悦他人的目的，甚至还有可能让他人对你心生厌恶。

2.注重细节的描述

我们在赞美对方时，要求实事求是和有根有据。有根有据是指，我们要有意识地说出一些具体而明确的事情来赞美，如对方的经历、爱好、特长等，具体的赞美比含混的、空泛的赞美更容易获得对方的认可和接受。因此，我们往往更要注重细节的描述，而避免泛泛之谈。

3.善于发掘对方身上未被发掘的亮点

真正的成功人士毕竟是少数，更多的是平凡人，他们鲜有卓越的成绩，因此我们在面对他人时，应该从对方身上的具体事件入手，任何的细节都不放过。只有你的赞美深入具体，对方才会觉得你对他足够重视，才能感觉到他所获得的肯定是真实可信的。

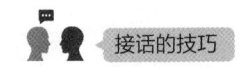

4.发挥语言的魅力

要根据对象、时机、场合的转换，用不同的语言措辞，恰当地表达你的赞美之情。语言是我们与人沟通的重要手段，赞美要真诚，你的用语恰当与否也是一种表现。

总之，爱听恭维的话是人的天性，人人都喜欢正面刺激，不喜欢负面刺激。如果在沟通中人人都乐意赞美他人，善于夸奖他人的长处，那么人际交往也会更加愉快。

第 3 章
运用赞美来接话,令人人都喜欢你

我们都知道,语言是人际交往的基本工具,是沟通的主要媒介之一,那人们都爱听什么话呢?很简单,人性的弱点告诉我们,人类是禁不住恭维的动物,人们都爱听恭维的话。喜欢听赞美似乎成了人的一种天性,是一种正常的心理需要。为此,我们在人际沟通中,便可以运用赞美来接话。然而,盲目地赞美,不但起不到作用,还会适得其反。因此,我们在赞美他人的时候,一定要掌握方式方法,力求把赞美之言说得更加得体。

细心观察，发现他人值得称道之处

任何人，都希望能获得他人的肯定，这是一种自我价值的认定。所以，通常情况下，人人都喜欢被赞美、戴"高帽"，并且，人际沟通中，我们在与人接话的时候，如果能对他人赞赏一番，就能顺利架起沟通的桥梁，更易达成我们想要的沟通效果。然而，现实生活中，恭维他人的做法常被人耻笑，主要是因为恭维别人并不是轻而易举的事。

可见，赞美看似简单，其实很难。如果赞美的语言不到位，不仅不会收到预期的效果，还会让人感觉不舒服，甚至产生厌恶的心理。所以，人与人之间的沟通，要想收到恭维人的效果，应当小心谨慎、全力对待，否则非常容易弄巧成拙。

我们可以发现，一些人在赞美他人的时候，往往是千篇一律、空泛的语言，别人听起来也觉得缺乏诚意和新意；还有一些人，他们深知赞美的好处，却无奈自己不懂得如何赞美他人，每每想说赞美之言，都觉得无话可说，他们称："赞美真是太难了。"赞美真的难吗？为什么找不到赞美的诀窍呢？实际上，如果你能细心观察，懂得挖掘他人身上的优点，那么，赞美之言可谓信手拈来。

我们来看下面的故事：

乾隆年间，黄帝乾隆对于刊印二十四史这件事十分重视，常亲自校准，每每找出一个错误，他就觉得是做了一件了不起的事，心中很是痛快。

以和珅为首的一众大臣，对乾隆的性情癖好了如指掌，因此，他们也常在抄写给乾隆看的书稿中，故意于明显的地方抄错几个字，以便让乾隆校正。这是一个奇妙的方法，这样做非常巧妙地显示出乾隆学问深，比当面奉承他学问深能起到更好的效果。

和珅工于心计，头脑机敏，他的赞美高在两点：一是知己知彼，每赞美即中；二是让对方浑然不觉却全身舒坦，因为他做得无声无息，不着痕迹。

那么，在日常生活中，我们该怎样挖掘出他人可赞美之处、进而用于接话中呢？

1.要留心观察，细心思考

从现在起，你要做一位有心人，善于发现赞美的内容，这就要留心观察，细心思考。比如，你发现办公室有位同事总是为其他人冲咖啡，对此，你可以赞美他："你为我们每个人省了五分钟的时间……"再比如,当你发现你的女同事今天戴了新耳环,你可以适度赞扬一番:"这对耳环是不是今年××杂志上重点推荐的那款?"

2.用专业知识赞美他人的长处

在某次书法展上,某青年偶遇某著名书法家,他对该著名书法家说:"这字写得真好!"书法家问他究竟好在哪里。然后,他只好回答:"这手字真乃绝活!我一个也认不出来!"

该青年如此赞扬,真是自露浅薄。

发现对方的长处,这是赞美对方的前提。对此,你可以从对方的爱好入手。一般来说,人们只有先对什么感兴趣,才会擅长说什么。几乎每个人都有自己的爱好,有自己擅长的事物,琴、棋、书、画等。这需要我们细心观察,在发现对方长处后,也不要冒然赞美,而应该先加以了解。

做一个赞美者,要懂专业知识。"隔行如隔山。"如果知识面狭窄,无疑就成了"门外汉",空怀一颗善良的心,却找不到赞美的话题。人们除了对自己专长的东西比较了解外,对很多事情都很陌生,而在自己陌生的领域内对别人表现出的才能和长处就不了解。为此,我们在发现了对方的长处后,应尽量用专业术语赞美。比如,当你想赞美一位研究历史的教授,你可以谈及对方曾经自己发表的论文和专著，并对其中的某些内容加以正面评点。

3."广而告之"，让更多的人知道

人们都希望得到更多人的认同，如果你满足对方这种心理，那么，对方必将予以回报。比如，对于总是帮忙冲咖啡的同事，你可以选个某时机，当众感谢，放大其这一助人为乐的品质并大加赞扬，该同事一定会很开心。

4.认同也是一种赞美

"良言一句三冬暖"，有时候，一句体贴的话，会即刻拉近彼此间的心理距离。站在对方的立场说话，这是强化心理感受、获得心理认同感的重要方面。

在心理学中，有个著名的"保龄球效应"：

有两个保龄球教练，他们分别训练自己的队员。经过一番训练后，他们的队员都是一球打倒了7只瓶。

教练甲对自己的队员说："非常好，7只是个好成绩。"他的队员一听教练夸奖了自己，备受鼓舞，于是，他们决定，一定要将剩下的三只也打倒。

而教练乙则对他的队员说："一群没用的蠢材，居然还有3只没打倒。"队员一听，心想，我们已经很努力了，你怎么就看不见我已经打倒的那7只？

结果，教练甲训练的队员成绩不断上升，教练乙训练的队员打得一次不如一次。

从这一效应中，我们得出一个道理，面对同样的情况，如果我们能反过来考虑问题，并转换一个角度说话，那么，对于听者来说，必定产生不同的心理效应。很简单，因为没有人希望自己被贬低，人们都希望自己得到他人的肯定和赞赏，这也是每个人的正常心理需要。

5.不要随便恭维别人

如果你根本不熟悉和了解对方，那么，最好先不要深谈。等你找出他喜欢的是哪一种赞扬，才可进一步交谈。最重要的是，不要随便恭维别人，有的人不吃这一套。

可见，赞美之言最重要的还是坦诚得体，必须说中对方的长处。人们虽然都喜欢被人恭维，但人们更喜欢真诚地恭维。因为，恭维别人首要的条件，是要有一份诚挚的心意及认真的态度。言辞会反应一个人的心理，因而轻率的说话态度，很容易被对方识破，而使对方产生不快的感觉。

总之，接话时，要赞美他人，我们一定要用心观察，要找到对方身上恰到好处的优点，进行实事求是的称赞，绝不可以是那种漫无边际、肉麻的吹捧。

接过话题,顺势赞美

我们都知道赞美在人际沟通尤其是接话中的作用,然而,不是所有的赞美之言对于他人来说都是受用的,因为人都是很聪明的。很多情况下,尤其是有利益关系的双方,对方会对我们的话心存戒备,如果直截了当、一开始就赞美对方的话,对方很有可能会怀疑我们的动机;而如果我们能让对方先提出一个话题,然后顺势接过话题,进行赞美,那么,是有利于攻破对方的心理堡垒的,对方也会在不知不觉中接纳和认同我们。

这天,孕婴产品推销员孟青来到某小区,目的是看看能不能找到一些准客户。

"阿姨,您好,您怎么一个人在家?您儿子、儿媳妇呢?"

"你弄错了,这是我女儿的家,她怀孕了,我是来照顾她的。"

"哎,真是可怜天下父母心啊,这么大把年纪了,还为女儿着想,想当年,我岳母也是,生怕我妻子冷着、饿着,孩子出生后,也是一刻不闲着。"孟青语重心长地说。

"可不是嘛!不过我女儿很好动,身子也不错,这会儿她婆婆带着她出去散步了,我们两个老太婆还怕照顾不好一个孕妇吗?"老太太爽朗地笑了起来。

"是啊,我看阿姨您就是一个和善的人,全家一定都很幸福。对了,阿姨,只顾着和您聊天,都忘了跟您说了,您看,这是我们公司的产品,是专门针对婴儿设计的,包括奶粉、益智玩具,还有各种婴儿期的书籍等。"

"原来,你是搞推销的?"

"是的,阿姨,不过您不购买也没关系,打扰您这么久,我赠送您一个小玩具吧。"说着,推销员拿出了一把玩具手枪,老太太一看,欢喜得不得了,但她一想:要是女儿生的是女儿,那岂不是不合适,再说,亲家也会以为自己重男轻女,那要不再买个小娃娃吧。就这样,老太太主动提出再买个娃娃。

孟青一看,自己的方法奏效了,就顺势提出了让老太太再买产后孕妇恢复身材的产品,没想到老太太不说二话就买了。

孟青心想,看来还是赞美起到作用了。

案例中,推销员孟青之所以成功推销出产品,正如他所说的,是赞美的功用。这里,孟青的赞美方式是值得我们推敲和学习的。刚开始,他并没有直接道明自己的目的或者对老太太进行无厘头的赞美,而是先提出一个让人不设防的话题,然后转移话题,对老太太进行了一番赞美,表达了对可怜天下父母心的理解,如此便拉近了和客户的心理距离。当然,至此,客户对推销员还是有抵触心理的,在这样的情况下,他采取了以退为进的策略，提出为客户赠送产品的要求，面对免费产品，谁会拒绝？而这一"送"，就产生了"一发不可收拾"的后果。在孟青的劝购下，对方产生了各种产品的购买需求。于是，客户"上钩"了。

其实，不只是推销过程中的沟通，很多情况下，我们与人交流要想让赞美起到作用，都要学会巧妙过渡，而不能直接赞美，当对方提及某一话题时，你再巧妙转折，进行接话、对其赞美一番，效果可能完全不一样。

那么，我们该怎样从对方那里接过话题呢？

1.无论对方提及什么话题，接话时都要表达认同

认同是赞美的前提，如果你在此时就提出反对意见，相信在接下来的沟通中，无论你怎样赞扬他，他也不会认同你。

2.不着痕迹地过渡

你要学会察言观色，看清对方的情绪点，比如，对方在什么情况下喜形于色，对方所关心的是什么。

举个很简单的例子，如果你正在与你的客户交谈，他十分欣慰地提到了自己的女儿："小区的人都说我的女儿漂亮、懂事。"此时，你就可以接过话题，也对其女儿赞扬一番，相信他一定会受用。

再比如，与你沟通的是一位年轻的女性，当对方聊到服装这一话题时，你就可以顺势赞美她的品位："你简直就是个衣

服架子，真让我们这些同龄的姐妹羡慕嫉妒恨啊。"你这样一说，她一定很高兴。

所以，我们要明白一点，任何赞美都不是一蹴而就的，需要我们善于捕捉机会，巧妙接过他人的话题，顺势赞美，进而让其认可和接纳我们。

以对方骄傲的事为切入点，牵动对方的感情

我们都知道，每个人都需要赞美和激励。在我们的生活中，他人值得我们赞美的地方有很多，比如，他人的工作能力、穿衣打扮、说话方式，等等。只要你细心，就会察觉赞美他人是一件再简单不过的事情。我们可以从他人感到骄傲的事开始，运用感性的语言接话，引导对方重温过去的点点滴滴，那很有可能会因满足了对方的成就感而激发其向着我们所期待的方向努力，同时，还会让对方对我们产生更多的好感。

我们先来看下面的故事：

美国有一位年轻人，有一次，他陪新婚太太去看望远在郊区的姑妈，妻子因为有几个老朋友需要见，就留下他来陪姑妈聊天。

因为和姑妈第一次见,他也不知道说什么,场面很是尴尬。于是,坐定后,他环顾四周,看看有什么可以聊的。

一番寒暄后,他问道:"这栋房子有一百多年的历史了吧?"

"是的。"姑妈回答,"1890年代的老房子了。"

"这使我想起我们以前的老房子,那房子很漂亮,盖得很好,有很多房间。现在已经很少有这种房子了。"年轻人说道。

"你说得很对。"姑妈表示同意,"现在年轻的一代,已经不喜欢这样的老房子了,他们喜欢那种小公寓,然后开着车子到处跑。"

"这是一栋像梦一般的房子。"姑妈的声音因回忆而颤抖了,"这所老房子里到处是我和丈夫的回忆,我们从盖房子到装修花了好几年时间,我们并没有请设计师,这完全是我们自己设计的。"

随后,她邀请年轻人站起来参观她的房子,年轻人也真诚地发出赞美。室内有很多漂亮的陈设,都是她四处旅行搜集来的——有老式茶具、带有民族特色的午休毯、中国买来的瓷器,还有一些法国画。

看完了房子,姑妈带这位年轻人到车库去。那里停着一辆几乎没使用过的别克车。"这是我丈夫去世前没多久买给我的。"她轻声说道,"他死后,我就没有动过它,你懂得欣赏好东西，我就把它送给你吧！"

每个人都需要赞美，哪怕年迈的老人也是如此。很多老人因为年纪大了，与外界接触的机会就少了，很多人认为他们思想落后，且已经成为年轻人的累赘，不愿意与他们沟通，更别说耐心赞美他们了。然而，正是这样的老人，更需要认可，他们比年轻人有更多的回忆、更多的曾经，如果我们能陪着他们一起重温那些过去的岁月，无疑这是增进感情的一种极好的方法。

事实上，每个人都有自己值得骄傲的事，都有值得提及的辉煌的曾经，这正是值得我们赞美的地方。当然，我们在运用赞美接话的过程中，一定要带着真挚的感情、运用感性的语言，只有这样，才能真正打动对方，否则，就失去了真诚，不仅不能打动对方，反而会让对方心生反感。

通常来说，我们可以从以下几个方面努力：

1.多做了解，了解对方最骄傲的事

与人沟通中，我们虽然强调要多观察，但有些问题无法通过表面的观察发现，比如，对方内心的情感，包括他们的往事等。因此，沟通前，我们最好能先做一番工作，了解一下对方在成长、奋斗过程中经历的坎坷、磨难或者成就等，这些回忆，我们了解得越细致，越能起到牵动对方内心的作用。

2.接话时要多说对方最深的情缘

人的经历中，不是所有事件都能留在我们的记忆中，也不是所有回忆都能让对方为之动容。因此，我们在勾起对方回忆的时候，一定要从对方最深的情缘说起，比如，创业过程中那些艰辛、与困难斗争等。

3.接话时情真意切，倾注自己的情感

我们在陈述对方回忆时不能冷冰冰得毫无感情，用回忆牵动别人，需要我们把事件融入动情的叙述中。在表达过程中融入自己的情感，会更有渲染力。通常来说，一句富有人情味的感慨，往往比那些大道理更具有说服力。

的确，我们只有先了解了对方的心理所思，才能在语言、行为上知其骄傲，在这之前，我们也必须对其进行深入了解，挖掘最能牵动对方情感的回忆，才能真正做到赞美时打动对方。

在接话中传达出其不意的赞美，能让对方心花怒放

人都喜欢听赞美的话，从别人的肯定和认可中得到内心的"自我肯定"。但是，并不是任何时候的赞美话都能使被赞美者心花怒放，也不是所有的赞美话都会被接受。赞美就像我们送出的礼物一样，想必我们每个人都喜欢那些意外、别致、精

心准备的礼物,当我们收到这样的礼物时,常常会被感动得不知所以。同样,赞美何尝不是如此呢?谁都不想听重复的、千篇一律的赞美之言,因此,我们与人沟通中,在接话时要想让赞美产生效用,最好要做到出其不意。

心理学家认为:在每个人的心里,都渴望别人更多地欣赏自己。如果你只是说一些千篇一律的好话,则会让对方觉得你根本不了解他,心理上就会产生落差,继而拉远心理距离。可见,在人与人之间的沟通尤其是接他人话的过程中,我们给对方的赞美最好是出乎其意料的、特别的,只有这样,才能让对方真正产生愉悦的心理。

我们先来看下面的故事:

大仲马是家喻户晓的法国著名大作家,据说,他青年时,有一段时间很穷困。后来,他流浪到了巴黎,去找他父亲的一位朋友,希望他能够帮助自己找一份工作。当父亲的朋友得知他的来意之后,问道:"你有什么特长吗?"

大仲马羞愧地摇了摇头。对方无奈地摇了摇头说:"那你把地址写下来,我帮你找到工作后通知你。"

大仲马惭愧地写下了自己的地址,对方说:"年轻人,你的字写得很漂亮啊,这就是你的优点!"对方一边点头一边说:"把名字写好,就能把文章写好。"大仲马受到了鼓舞,兴奋地离开了。

在赞美大仲马的时候，父亲的朋友赞美大仲马的字写得好，虽然这只是一句无心的赞美，但对于大仲马来说"受宠若惊"，因为当时的他处于困境之中，这一意外的赞美无疑会增加他的自信心。

心理学家认为，每个人的内心深处都认为自己是与众不同的，都喜欢追求独特、个性。同样，他们也希望他人能看到自己的与众不同，此时，就需要我们能给出与众不同的赞美，这一赞美最好还是出乎意料的。这样，别人就会觉得你是真的欣赏他，真的了解他，才会把你当成他的知己。

当然，我们要想给他人出乎意料的赞美，需要从以下几个方面努力：

1.赞美要透过现象看本质

通常，当一个人取得成绩的时候才会被人关注，因而得到的都是对他的成就的赞美。殊不知，对方更在乎自己付出的努力。如果在赞美的时候，透过现象看本质，不要去人云亦云地赞美表面的成就，而是去赞美对方付出的艰苦的努力，往往在心理上和对方靠得更近。

比如，有一个男孩特别喜欢打篮球，他的愿望就是能成为职业篮球选手，终于，他在25岁的时候实现了自己的梦想。

于是，他的老师和同学们前来为他祝贺。有一个老师说："你真了不起，这么年轻就在体坛有了这么大的成就。"男孩笑着说："这没什么。"这时候有一位同学说道："你的吃苦精神真的很令人折服，不管刮风下雨，你始终在球场上奔波。"这时候，男孩走过去给了这位同学一个深情的拥抱。能从本质上赞美别人，往往可以让你迅速地走进对方的内心。

2.意外的赞美亦不可突兀，要贴切自然

有一位杂志社编辑，他对说服那些作家很有一套方法。不论那些人如何繁忙，他都有办法使那些人答应为他写稿。在他面前，那些作家谁都无法拒绝他的请求。

他常常这样说："我知道您很忙，就是因为您很忙，我才无论如何请您帮个忙。那些有空闲时间的作家写出来的作品，总不如您的好。"据他所说，这种说法从未失败过。

为什么这位编辑从未失败？因为他的赞美真实可信，贴切自然。的确，要恰如其分地赞美别人是件很不容易的事。如果称赞得不得法，反而会遭到排斥。

3.辅以表情和动作上的赞赏

心理学专家曾经做过这样一个心理学的实验：让两个人分

别去赞美一个舞蹈跳得很好，但是却意外摔倒的姑娘。第一个人走上前去，一边笑一边说："你的舞蹈跳得太完美了。"第二个人走过去，拍了拍姑娘的肩膀，说了句"你很棒"。姑娘对第一个人的赞美，表现出厌恶的情绪，狠狠地瞪了他一眼，而望着第二个人感激地说了声："谢谢。"

两个人同样是表达赞美，为什么第一个人遭到了白眼，而第二个人却得到了感谢呢？对于这种现象，心理学专家做出了解释：人对外界的反应有一个基本的是非判断，对于友善的表情和动作，会做出友善的迎合，继而换来更大的友善；对于不友善的情绪，则给予敌意。

总之，我们若想让赞美他人的话深入对方心里，起到使其心花怒放的效果，就要给对方送一个意外的"礼物"——接话时出乎意料地赞美，这会为我们赢得好感、增进彼此关系。

运用赞美接话要把握分时、分人的原则

人际交往中，我们常常使用赞美的语言来接话。适当地赞美能取悦人心，如果你对他人说出赞美的话，并且能恰如其分，对方一定会十分高兴。赞美对人际沟通、维系良好关系会

产生重要的作用。它不仅是调整心灵的润滑剂，而且让别人听了舒服之余，还有助于增进彼此关系。所以如何适当地赞美他人，也是与人沟通的重要课题。

当然，赞美别人，不是廉价的吹捧，不是无原则的"你好我好大家好"，不是投其所好的精神按摩，更不是包藏祸心的精神贿赂。赞美是有原则的，其中重要的一点就是：赞美也要分时、分人。

具体来说：

第一，分时。

常言道："语言是衡量沟通双方心理距离的尺度。"因此令人感到不舒服的赞美之言，不仅会在无意中拉开彼此的距离，而且有防范他人侵犯的意味。因此，我们要想让赞美起到良好的效果，就要注意根据双方关系的亲疏远近、分时段地赞美，才能拉近彼此间的关系。

1.如果彼此是初次见面或是关系一般，赞美之言最好点到为止

赞美对方，如果关系不是那么深，还没有融入彼此的圈子，你的赞美之言能传达你的心意即可。"你真是太好啦"或者"我对你的佩服如滔滔江水连绵不绝"之类的话，恐怕没有什么人会认为你真的对他们充满了善意！

2.随着关系的深入,可适当采用随意的赞美之言

比如,对于你的一个女性朋友,你可以随时随地地赞美她,但与其说"你太漂亮了",不如说"这件衣服穿在你身上真漂亮";与其说"你真有头脑",不如说"你怎么就能想出这样的好办法呢"。这样表达起来,更显真诚。

3.如果彼此关系很好,交情很深,那有时即使夸张一些也没关系

比如,对你的闺蜜的新衣服,你可以说:"你的美丽真是让我嫉妒死了。"你的话不仅不会让她生气,还会让她开心。

第二,分人。

人的素质有高低之分,年龄有长幼之别,不同的人所能接受的赞美的语言和赞美的方式是不同的,赞美别人时如不审时度势,不知道因人而异,即使你是真诚的,也会变好事为坏事。相反,因人而异,突出个性,有特点的赞美比一般化的赞美能收到更好的效果。

那么,怎样才能做到因人而异地赞美别人呢?

1.根据对方的年龄

我们在赞美老人时,可以着重赞美他当年的那些引以为豪的业绩与雄风;对年轻人,不妨语气稍为夸张地赞美他的创造才能和开拓精神,并举出几点实例证明他的确能够前程似锦。

同时,老年人一般会寄希望于子孙,而年轻人则寄希望于

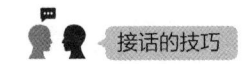

自身。因此，尽量不要称赞年轻人的父母或者长辈等；而对于老年人，你如果说他的子孙，无论学识还是能力都是难得的人才，他一定会相当欢喜，甚至认为你慧眼识英雄！

2.根据对方的职业

对于经商的人，可称赞他头脑灵活，生财有道；对于有地位的干部，可称赞他为国为民、廉洁清正；对于知识分子，可称赞他学有根底、笔下生花、知识渊博、宁静淡泊……

3.根据对方的性别

比如，同样是赞美体胖的人，对于女性，若说她又矮又胖，一定会令人反感；但你夸她不胖，只是丰满，她会得到几分心理安慰。对同样体型的男子，你说他是矮胖子，他也许会置之一笑。

4.根据对方的性格特点

对方性格外向，行事大方，可多赞美他，他会很自然地接受；如果对方比较内向、敏感、严肃，你过多地赞美他，会使其认为你很轻浮、浅薄。

5.根据对方的知识水平

比如，如果你和一个知识分子谈到对社会上嫉贤妒能现象的认识，你可以说"木秀于林，风必摧之"之类的话；而如果对方是个知识水平不高的人，你则可以说"枪打出头鸟""出头的椽子先烂"这样的俗语，对方会更容易接受。

当然，这一切要依据事实，切不可虚夸。

的确，在日常交往中，人人需要赞美，人人也喜欢被赞美。真诚的赞美不但会使被赞美者产生心理上的愉悦，还可以促进人际关系的和谐。赞美是一件好事，但绝不是一件易事。只有"到什么山上唱什么歌"，掌握分时、分人的赞美原则，才能真正起到良好的赞美效果。

接话中的间接赞美，更能起到效果

生活中的人们，不知你是否有这样的体会：某天，有人告诉你，某某在你背后说了许多关于你的好话。此刻的你是否心里甜滋滋的。这样一些赞美的话语，如果是当面说给你听，可能会让你感觉到虚假，甚至会怀疑其背后的别有用心，而间接的赞美，则正好可以凸显出赞美的效果。

通常情况下，赞美往往是当面指出别人的长处和优点，但并不是完全如此。在很多时候，我们与人沟通，在接话中如果能巧借第三方进行"背后赞美"，在别人背后说其好话，这样往往会让赞美取得更好的效果。

间接赞美为什么会有那么大的效果呢？因为大多数人觉得，当面说的坏话不算坏话，背后说的好话才是好话，因此，人们更愿意相信背后所说的好话，会更欣赏那些在背后赞美自己的人。

最近，关系不错的小王和小李闹起了矛盾，小王总喜欢开玩笑，前些天，当着办公室所有同事的面，她玩笑开过火了，小李当场就红了脸，气冲冲地摔门而去。从这以后，两个人都没说过话，即便擦肩而过，也都是彼此视而不见。虽然小王内心比较内疚，但她也拉不下脸主动与小李说话。

这天在办公室，小王在与同事聊天的时候，随意说了几句小李的好话："小李这个人真不错，是很仗义的姐妹，我来公司一年多了，她在各方面对我的帮助都挺大的，能够有这样的朋友，真是我的幸运。"没过多久，这几句话就传到了小李的耳朵里，令小李心中既欣慰又感动，就连那位同事在向小李传达这几句话的时候，都忍不住夸赞一番："小王这人真不错，心胸开阔，难得啊。"

这天下班小李在走廊上看见小王，竟意外地主动打招呼："下班了？有事吗？我们好久没一起去唱歌了。"就这样，两个姑娘又和好了。

有时候，在背后说人家的好话，赞美几句的功效比当面说似乎更有效果，小王那看似随意的几句话却是有意为之的，这样就轻松地化解了横亘在两人心中的矛盾，自然也就冰释前嫌了。

可见，要赞美一个人，直接赞美固然能起到作用，但间接赞美的效果更突出。那么，我们该如何掌握间接赞美的方法呢？

1.背后赞美

如果你当面说别人好话，说得不当可能会被认为你在奉承他，讨好他；然而在背后说这些相同的好话时，被赞美者更容易接受你的赞美之词，也容易领情。

从前，有一位国王，他有个独特的爱好，那就是每天让下面的臣子们对自己说一句赞美的话。说赞美的话又不是什么难事，这些大臣每天就变着花样说给国王听。

一开始国王很开心，因为每天都能听到赞美自己的话，可是时间一长，国王感觉这些人说的话那么虚伪、做作。一听到"您是我们最英明的陛下""您的伟业将永垂不朽"这些话，国王都觉得他们不真诚。

有个聪明的大臣看出了国王的心事，于是想办法来点"新鲜的"，好让国王高兴高兴。

一天，国王要发布新的政令。这一次，这个聪明的大臣并没有像以往那样当面称赞国王，而是故意在一旁悄悄地对别人说:"凡是身居高位的人,大多喜欢别人的奉承,只有我们陛下不是这样,他一向对别人的称赞都不放在心里。"

恰逢此时,国王驾到,在门后听到了这些话,心里非常高兴,马上唤来这个大臣说:"好啊,知道我心里怎么想的,还是只有你。"

很快,这个聪明的大臣升官了,受到了国王的重用。

案例中的大臣是极为聪明的,他采用的就是一反常态的赞美,在背后赞美国王,满足了国王想听真诚赞美之言的心理需求。但其实我们明白,他对其他大臣说的那番话,本身就是说给国王听的,只是把恭维话说在了国王的背后,以和别人在背后议论的方式,故意地让国王听到耳朵里去,把国王捧得极高,从而达到了讨好国王的目的,自然也就得到了国王的重用。

2.借助第三者赞美

《三国演义》中的貂蝉利用美人计蛊惑吕布,让他刺杀董卓的时候,先假借了别人的口大大地夸奖了吕布,让他觉得自己是很欣赏他的才华的。这就使得吕布深感愧对貂蝉对自己的赞美与敬慕,不觉"羞惭满面"。书中是这样描述的:"貂蝉曰:'妾在深闺,闻将军之名,如雷贯耳,以为当世一人而已。谁想反受他人之制乎？'言讫，泪下如雨。布羞惭满面，重复倚戟，回身搂抱貂蝉，用好言安慰。"

貂蝉在赞美吕布的时候并没有夸奖他英勇神武，而是通过复述别人对吕布的评价，表达了对吕布的欣赏，让吕布的内心产生了被貂蝉欣赏和肯定的感觉，满足了内心的需求。可以说，貂蝉的这番话，对吕布后来反杀董卓起到了至关重要的作用。由此可见，借助他人的口赞美别人比当面表达赞许能取得更好的效果。

另外，多在第三者面前赞美你想赞美的人，是与那个人融洽关系、增进交往的有效方法。如果你和某个陌生人谈话，当你自我介绍完以后，对方这样接话："某某经常与我谈起你，说你是位了不起的人！"相信你一定会油然而生一种愉悦之情。这也就是说，我们要想让对方感到愉悦，就应经常在第三个人面前赞美他。

另外，生活中的人们，可能你没有意识到的是，间接赞美还能化解人际误会。在生活中，对于那些与我们之间有矛盾或误会的人，如果当面赞美对方会觉得很别扭，同时对方也会觉得这样的赞美缺乏诚意，比较做作。在这样的情况下，你不妨采用间接赞美，巧用第三人来对其进行赞美。背后赞美他人，这是各种赞美方式中最让人高兴的，因为这也算是意外之喜。

其实，正因为间接赞美所凸显出来的效果，使得我们可以轻易地化解对方心中的敌意。在某些时候，误会是由我们自己造成的，有可能在无意之中给对方带来一些伤害，从而扩大了彼此之间的心灵间隙。在这时，如果我们当面说一些好话，或者企图通过赞美来化解对方心中的敌意，以及抚平给对方带来的伤害，那只会让人觉得虚假，缺乏真诚。而间接背后赞美别人，更让人觉得真诚、甜蜜，更容易让人幸福，这是情理之中的事。所以人们更容易相信背后的好话，会更加亲近那些在背后说自己好话的人。

运用语言的魅力，让接话中的赞美绚丽起来

我们都知道，语言的力量是巨大的，它可以把两个人由陌生变为熟悉，由熟悉变成知己或亲密的朋友，而赞美运用的就是语言的艺术。任何一个人，如果掌握了语言的艺术，那么，他就掌握了赞美的精髓，在接话的时候，也就能信手拈来，让对方心花怒放。然而，我们听到的更多的是人们的抱怨："这年头人们怎么都这么难搞定啊？"对于那些不会说话的人，他们本意是赞美他人，但说出口的语言却干涩无味，让人听了昏昏欲睡，更没有继续交谈的欲望。如果我们能巧妙发挥语言的

魅力，那么，我们的赞美之言就会立即绚丽起来。

小陈是某通信公司销售代表。最近他要推销公司的宽带，这天，他给一个潜在客户打电话。

"您好，我是××通信公司的小陈，听说您最近买了一间新房，您有安装宽带方面的需求吗？"

"哦，不好意思，我大部分时间都不在家里，所以宽带基本上用不着。"

"没关系的。刚才听小姐您说话，毫不夸张地说，您的声音像极了我们学生时代课本中说的夜莺的歌声般婉转动听，和您通话我真的感觉很舒服，请问您是在电视台工作吗？"

"你怎么知道的？我就是在电视台担任播音员，每天都很忙。"

"刚听到小姐的声音就觉得很动听，与您说话真是一种享受。请问小姐是跟家人一起住吗？"

"我爸爸跟我住……"

"原来是这样啊，那我建议小姐可以安装一下我们的宽带，因为您想，让一个老人独自待在家里，他会孤独，而且，现在老人也会上网，最重要的是，我们的宽带最大的优点就是年费很便宜，您只需要一个月花费八十元就行了。"

"是吗？这还挺便宜的，要不，你周末来我家安一个吧。"

"好的……"

案例中,当客户表明自己并不需要宽带服务的时候,小陈并没有就此放弃,而是继续与客户通话,并巧妙地在赞美中使用了比喻的修辞手法,将对方的声音比喻成为夜莺的歌声,让客户心花怒放,进而赢得了客户的好感。此时,小陈再询问客户是否和家人一起住,已经消除戒心的客户自然会真实回答,而聪明的小陈便从此下手,找出了客户的购买需求,然后,他再强调宽带服务费便宜的最大卖点,于是,客户就欣然接受了。

从这当中,我们看到了语言艺术在赞美中的作用。当然,如何将语言艺术运用到赞美之中,还是要考验我们的功力的,具体说来,我们可以这样做:

1.多做语言积累,关键时刻的赞美才会言之有物。

我们在平日里要多学习语言知识和文化,多阅读,学习词句的运用,只有做到心中有物,才能在赞美的时候信手拈来、巧妙运用。

2.掌握一些基本的修辞手法的运用原理

赞美的话说得好听,能愉悦对方的耳朵,还离不开修辞手法的运用。比如,程龙是一名建材推销员,销售能力很强,生意做得红红火火,因此,常有同事赞美他说:"此程龙也不亚于彼成龙啊。"这里，就是运用了借代的修辞手法。

当然，修辞手法还有很多：

比喻：找出两个事物之间的相似点，有相似点才能构成比喻，另外比喻就要有本体、喻体和喻词；比喻可以使被描写的事物形象鲜明生动，加深人们的印象，用它来说明道理时，能使道理通俗易懂，便于人们理解。

排比：把结构相同或相似、意思密切相关、语气一致的词语或句子成串地排列的一种修辞方法。它能够使句子结构整齐，语调协调，说理周密，表现充沛，论证雄辩，气势磅礴。

夸张：运用丰富的想象，在客观现实的基础上有目的地扩大或缩小事物的形象特征，以增强表达效果的一种修辞方法。

借代：不直说事物的名称，而是用与本事物有密切关系的事物来代替本事物。

双关：在一定的语言环境中，利用语义和语音的条件，有意使语意具有双重意义，言在此而意在彼，这种修辞方法就是双关。

3. 变换我们常用的赞美语言，充分发挥我们的想象力

有时候，我们的语言之所以会平淡无奇，是因为我们束缚了自己的思维。我们在赞美语言的训练中，要学会转换角度分析，比如可以从意义方面入手，也可以从形式方面入手；可以着眼于词语，也可以着眼于句式。这样，我们会发现，同样一句话就会呈现完全不同的表达效果。比如，销售中，我们原本想赞美客户年轻美丽，通常我们会说："您身材真好……"但如果我们转换一种说法："我听说有'画中仙'之说，原本还以为是夸张呢，今天算是见识到了。"这里运用的就是"引用"的修辞手法，这样表达显得更动听。当然，我们表达之前，最好做一番铺垫，否则显得唐突。

总之，语言是一门艺术，赞美也不例外，只有对语言的准确把握才能在接话时很好地说出赞美的话语。在赞美他人的过程中，我们要根据具体的赞美对象、时机和场景，运用不同的措辞，然后恰当地表达你的赞美之情。

第 4 章

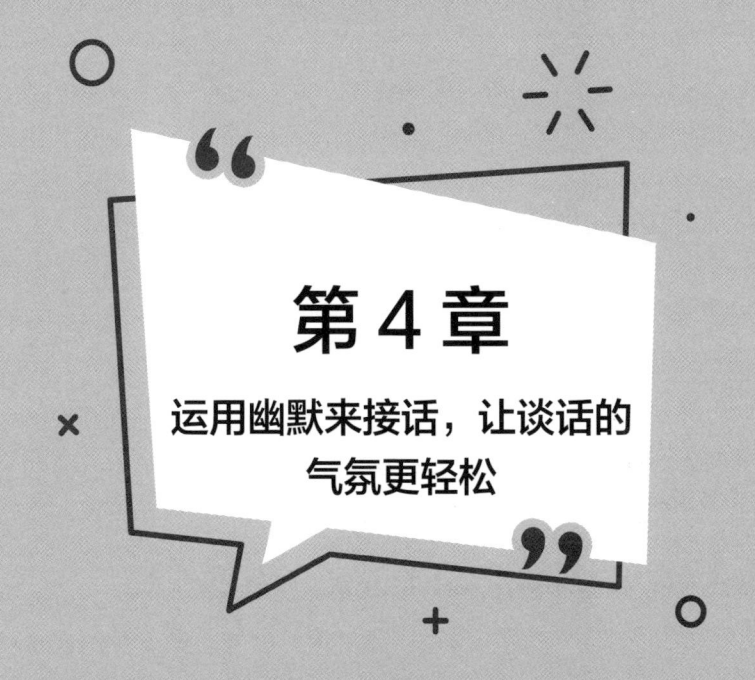

运用幽默来接话，让谈话的气氛更轻松

生活中，任何一个人，无论从事什么工作，无论处在何种地位，都不可避免地要与人交流，有交流，就意味着我们要接他人话。而现实生活中，无论是谁，都愿意和一个有幽默感的人交流，而不愿和一个整天板着脸毫无趣味的人沟通。掌握一些幽默沟通术，不仅能帮助你更好地接他人的话，还能帮助你处理一些特殊的人际关系问题，让你能顺利地摆脱困境，与他人建立和谐的关系，赢得别人的信任和喜爱。

巧用幽默接话，能打开最佳的沟通局面

与人交往的过程中，很多时候，我们常常因为交流双方的不熟悉、沟通存在目的性或者沟通双方的不善言辞而无法打开和谐的沟通局面。很多人因为不知道如何接话而显得笨嘴拙舌，常常陷入冷场和尴尬，而此时，如果我们能运用幽默这一语言润滑剂，便可以让大家付之一笑、顺利交流下去。

有句名言："关于沟通，除了词汇之外，最重要的就是'趣味'！"在社交中，谈吐幽默的人往往易于取胜，没有幽默感的人则往往会失败。在交际场合，幽默的语言极易迅速打开交际局面，使气氛轻松、活跃、融洽。

常在小区活动室玩牌的老王好久没来了。这次一来，牌友老孙就问："老王啊，怎么这几天都没看见你啊？"

老王一脸的严肃，说："别提了，我被'双规'了！"

老孙吓一跳，问："啊？怎么回事儿？贪污了？"

老王一笑，说："哈哈，我儿子、儿媳妇找我谈话喽，宣布我必须在规定时间、规定地点接送小孙子上幼儿园。"

第 4 章
运用幽默来接话，让谈话的气氛更轻松

众人这才明白，哈哈大笑。气氛一下子变得轻松融洽。

案例中的老王便是运用幽默法打开与众人交谈的局面的。的确，与人交往，若总是抱着严肃的态度，那么，交谈氛围也就会变得凝重。如果换一种心态，适度幽默一下，就会显得诙谐幽默，大度自然，也会让别人感受到你的阳光和快乐。

会调侃的人懂得如何给生活添加佐料，受到不公平待遇也会泰然处之，即使心情郁闷，也能通过开玩笑的方式给别人传达某种信息。这种人热爱生活，大智若愚，充满了人格魅力，现实生活中会得到众多朋友的喜爱，因此成功的机会自然比一般人多。

历史上，有几位大师级的学者，他们每当讲课或者讲话的时候，其开场白妙趣横生，既风趣幽默，又折射出他们的风格。

梁启超上课的第一句话是："兄弟我是没有什么学问的，"然后稍微顿一顿，等大家的议论声音小一些了，眼睛往天花板上看着，又慢悠悠地补充一句："兄弟我还是有学问的。"头一句谦虚得很，后一句又极其自负，他用的是先抑后扬的方法。

启功先生是大书法家，开场白很有意思。他本来平时就喜

087

欢开玩笑，上课也不例外。他的第一句话往往是："本人是满族，过去叫胡人，因此在下所讲，全是胡言。"

胡愈之是著名的作家和翻译家，讲课时开场白往往是："我姓胡，虽然写过一些书，但都是胡写；出版过不少书，那是胡出；至于翻译的外国书，更是胡翻。"在轻松诙谐的笑谈中，把自己的成就一一罗列，自夸中不乏幽默。

这些简单、幽默的开场白，一下子便拉近了与学生们的距离，使枯燥无味的课堂学习变得生动有趣多了。

可见，在社交场合，在和不太熟悉的人闲谈时，在接话中适当加入幽默，会让接下来的交谈变得轻松愉快，得到别人的喜爱。一句笑话可以像一缕阳光驱散重重乌云，一切的怀疑、郁闷、恐惧，都会在一句恰当的笑话中消散无踪。幽默运用得法，可以使一个敌对的人哑口无言，还可以解除尴尬的局面，赢得别人的鼓掌喝彩。当然，幽默和个人的性格及知识积累有关，要让自己能够在需要时幽默起来，平时就要多观察生活中的细枝末节并多积累。

幽默是社会活动的必备礼品，是活跃社交场合气氛的最佳"调料"。与人交往，恰逢时宜的一句话就能缓解尴尬的交际氛围，帮你打开一道宽阔的交际之道。那些会说话的人往往能巧妙运用幽默的力量，轻松拂去沟通伊始的冷漠，改变人们的心情和处境，建构起特有的幽默氛围。我们如果把交际中的人们划分为两种人——枯燥的人和有趣的人，那么富有幽默感的人可谓是有趣的人。"酒逢知己千杯少，话不投机半句多"这句话，可以证明这一点！

那些生活经验丰富的人无不重视幽默的力量。使用幽默的语言，是展现你风采的一种重要形式，能使得你与他人之间的相处变得宽容、友善，幽默使严肃的话题变得轻松。幽默的人善于拨动笑的神经，使严肃的话题变得轻松，让对方丢掉紧张的情绪。幽默是一种艺术、一种润滑剂，面对严肃的话题时幽默一下，会产生较好的效果。

有一位聪明的小伙子，用一连串的成语为自己的婚礼增添了无穷的欢乐。

小伙子姓张，新娘姓顾，他借两人的姓做了一次堪称经典的恋爱过程介绍："我是新郎，我姓张，我的新娘姓顾。我们在还没有认识时，我是东'张'西望，她是'顾'影自怜。我们认识之后，我'张'口结舌去找她，她说她已经心有所属。我于是'张'惶失措，劝她改弦更'张'，在我的再三请求下，她终于'顾'此失彼。我大'张'旗鼓地追求她，她左'顾'右盼地等着我，时间久了，我便明目'张'胆，她也无所'顾'忌。于是，我便请示她择吉开'张'，她也欣然惠'顾'。"

小伙子的调侃令大家喜笑颜开，满堂喝彩，使整个婚礼弥漫着其乐融融的气氛。这个故事也从一个侧面说明，幽默的成语具有神奇的魅力。熟语具有很强的生命力，在我们与他人交谈的过程中，风趣巧妙地运用它来接话，会让他人感受到我们的内在素质和幽默感，提升在他人心目中的地位。

当然，最好的幽默话题往往是那些自嘲或中立性质的。因此，你可以在接话时以你自己为幽默的对象，针对自身的一些小缺陷或者不足开个玩笑，好像自我打趣似的，这样不会触犯别人。相互攻击有时也很风趣，但对初学者来说最好不要尝试，以防起到反作用。

幽默接话，能让交流变得生动有趣

如果说语言是人们交流沟通的媒介，那么幽默的语言便是通向对方心灵的桥梁，它能让你风趣诙谐地表达自己的某种心意，并以最快的速度直抵他人的心灵。因此，幽默是最受欢迎的生活艺术，幽默的语言体现的是一种修养，它能让与人交往变得更为轻松，也会令人如沐春风！

第 4 章
运用幽默来接话，让谈话的气氛更轻松

的确，人际沟通的最大杀手便是枯燥，你一言我一语，我发话你接话，但话不投机半句多，谁也不愿与一个严肃、沉重的人交谈，而幽默的言谈可以给他人带来欢乐，也能让自己拥有愉快的心情。拥有幽默的人生活愉悦，并能拥有快乐的人生。幽默是趣味生活的添加剂，生活中存在着幽默，关键是你能不能发现它，并运用它，那样你的生活就会充满乐趣。

一位父亲曾经和他的女儿有过这样一段有趣的对话。

父亲说："我感觉到，近两年来你在为一件事犯愁，你认为自己不够漂亮，找不到丈夫。我可没把这当回事，在我眼里，你很漂亮。"

她的女儿笑了笑回答："可你不能娶我，爸爸，你早已结婚了。"

这个女儿不是一般的女孩，她充满了智慧，欣然接受父亲的夸赞，幽默地将思维转到"可你不能娶我"上，以一种玩笑的形式表达了对父亲的关爱，温馨之情溢于言表。

我们再来看：

小刘是独生子，父母很宠他，家里什么事都不让他做，

整天饭来张口，衣来伸手，因此，都二十好几的人了，他饭都不会做。和妻子小兰结婚后，妻子见他竟然是个只会享受的家伙，常借机奚落他。

那天，小兰加班回来晚了些，到家后发现小刘在家正坐等她回家做饭呢！肚子饿得咕咕叫的小兰，不禁发起脾气，把他狠狠地训斥一顿。小刘自知理亏，低头不吭声。

小兰见状气消了大半，转身去厨房做饭。一会儿，上小学的女儿跑进来说："妈妈，你教我做饭吧！"小兰很开心，问："你要学做饭？是不是想以后做饭给妈妈吃？"女儿摇摇头，贴到她耳边悄悄说："学会做饭，就有资格训人了，你看爸爸因为不会做饭，被你再怎么训，都不敢吭声。"

可能小兰在听到女儿的童言之后，即使对丈夫还心存怨气，也会烟消云散。在孩子的眼里，妈妈训斥爸爸是因为爸爸不会做饭，而不是爸爸的懒惰，这就是童趣。

的确，用过于严肃的态度生活，难免太沉重；人生不如意事十之八九，若总是唉声叹气，生活必然一片灰暗。如果换一种心态，调侃一下生活，就会过得诙谐幽默，每天都会很阳光，充满希望和快乐。

以下方法可帮助我们在接话中活跃氛围：

第4章
运用幽默来接话，让谈话的气氛更轻松

1.调侃自己

懂得运用自我贬低、自我解嘲这种方法制造幽默的人往往都是幽默高手。自嘲过后，众人将在哄笑声中重新把你抬得很高。自我贬抑既可活跃气氛，又能博得他人好感。

洛伊是著名影星，20世纪80年代，她一直活跃在银幕上，但人到晚年，身材难免不如年轻时好，正因为如此，很多次她的朋友邀请她去海滨浴场游泳，她都不好意思去，尽量找各种理由推辞。

然而，一些娱乐记者就此大做文章，甚至在一次记者招待会上，故意向洛伊提问："洛伊女士，您是不是因为自己太胖，怕丢脸才不去海滨游泳的？"

洛伊想了一下，爽快地回答："我是因为自己胖才不去游泳的，我怕我们的空军驾驶员在天上看见我，以为他们又发现了一个新古巴。"

在场的人听后，发出阵阵欢呼声和笑声，不由得鼓起掌来。

洛伊出语不凡，用自嘲的口吻、夸张的手法化解了尴尬，既没有被记者牵着鼻子走，又很好地活跃了招待会的气氛，同时还给大家留下了一个良好的印象，显示出自己豁达的心胸和诙谐的人格魅力。

2. 调侃对方

社交中，对于那些与自己关系亲密的朋友，可以以对方为幽默的对象，开句玩笑，互相嘲笑一番，这并不坏事，反而会使朋友关系亲密无间。但要记住，你的玩笑一定是不带恶意和偏见的。

3. 夸张赞美

抬高他人有时候也能产生幽默效果，但这种方法并不等同于虚伪地恭维、奉承，善意地抬高会使整个气氛变得异常活跃。老朋友、新同事见面后，不免介绍寒暄一番，这是个极好的活跃气氛的机会。

4. 搞恶作剧

恶作剧也是一种幽默的表现方式，它的幽默来自出人意料。朋友间，可以互相调侃，可以突破紧张的、受束缚的社交规则，当然，对于那些不喜欢恶作剧的人，最好不用。

5. 寓庄于谐

在社交生活中，你不需要时时紧绷着自己，自始至终保持庄重姿态就会显得紧张。即使是那些需要庄重的场合，面对那些严谨的问题，同样可以用风趣、幽默的语言来表达。

第4章 运用幽默来接话,让谈话的气氛更轻松

用幽默接过对方的话题,能使沟通轻松进入深层次

我们都知道,语言是沟通的媒介。幽默可以消除内心的紧张,化解生活的压力,还可以有效地减少人们之间的摩擦,缓和矛盾和冲突。因此,幽默的语言不仅是打开沟通局面的良方,更是通向对方心灵的桥梁,它能让你风趣诙谐地表达自己的某种心意,并以最快的速度直抵他人的心灵。因此,在人际交流中,我们可以借用幽默来接话,以此使沟通进入更深层次。

有一天,法国画家奥拉斯·韦尔纳正在勒芒湖边作画,一位女青年向他走了过来,并对画家的作品提出了一些修改意见。

第二天,在一艘回巴黎的船上,他又碰到了这位女青年。这位女青年对他说:"先生,一看你就是个法国人,听说大画家奥拉斯·韦尔纳也在这艘船上,你能介绍他给我认识吗?"

"小姐,你真的很想见他吗?"

"是的,先生,我非常地想见他,要知道,他可是我心中的神话。"

"哦,亲爱的小姐,不必那么麻烦了,因为昨天上午你已经认识他了,并且你还给他当了一回绘画老师呢!"

接话的技巧

这里，奥拉斯·韦尔纳刚开始结识这位女青年的时候，并没有道明自己的身份。而当他开完玩笑后，女青年便了解，自己身边的先生便是自己"心中的神话"，并且，"这个神话"并没有端着高高的架子，而是如此地幽默、风趣、平易近人，于是，两个绘画爱好者的深层次交流便开始了。

之前，有位大学教授叫姚明晖，他身体瘦弱但喜着一件宽大的袍子，到了冬天，怕冷的他还会再戴一个大风兜，从远处看去只露出一副眼镜，一个尖尖的鼻子，一撮翘翘的山羊胡须，样子十分滑稽。

一天上课，姚教授还是和平时一样的打扮进了教室，他站定后发现不知道哪个调皮的学生用漫画笔法赫然画了一只人面猫头鹰。而那人面画得活像这位满腹经纶的教授。

姚教授站在黑板前面看了一会儿，丝毫不生气，反而拿了一支粉笔，一本正经地在漫画旁写道："此乃姚明晖教授之容也。"

写完之后，大家笑了。姚教授也笑了。那位原本提心吊胆的调皮学生也松了一口气，更是发自内心地对姚教授产生了敬意。

当姚教授看到黑板上的漫画时，他知道那是学生们的恶作剧，是学生们在笑话他的衣着，这时他如果冲学生们发火，那么结果只能变得更坏。所以他不冲学生们发火，而是自己主动地指出黑板上画的就是我姚明晖。在这种情况下，学生们只顾了笑，而忘记了嘲笑他这件事，并且此举还会让学生们由衷赞叹那博大的胸怀。同时，只有在这种良好的师生关系下，学生的学习兴趣才会被激发出来。

人与人之间心灵的沟通，离不开语言，而幽默正可以填补人们之间心灵的鸿沟，是与他人建立良好关系所不可缺少的东西。

要知道，朋友、同事相聚，最忌一个人唱独角戏，大家当听众。成功的社交应是众人畅所欲言，各自表现出最佳的才能，做出最精彩的表演。为达到这一目的，就必须寻找能引起大家广泛共鸣的内容。有共同的感受，才可各抒己见，仁者见仁，智者见智，气氛才会热烈。所以，作为沟通的一方，你应该联系各种因素制造出幽默氛围，让沟通进一步进行，以免出现冷场的尴尬。但要做到这一点，你还必须谨记：

1.控制自己的情绪，做个"冷面笑匠"

制造幽默、开玩笑，是要起到让大家笑的效果的，为此，关键是你自己不能先笑，更不能提前给听众"打预防针"。假如笑话还未开始，你便说："我讲个笑话给你听，这个笑话可好笑了！"这样，对方便会产生一种心理预判，他们可能会很期待你的笑话，可能就没办法制造出其不意的效果了。

2.讲笑话的窍门在于共鸣

选择幽默的题材最好能使大家产生共鸣，内容最好是大家所熟知的，如果把有外国处境的笑话直接搬到中国，可能会因为文化差异而让人笑不出来。

遭遇尴尬，幽默接话能帮你脱离窘境

生活中，我们每天都会接触很多人、很多事，需要与人沟通，但在沟通过程中，我们不可能绝对掌控沟通场景，有时候，沟通氛围难免陷入尴尬境地，那么，此时，我们该怎么办呢？化解尴尬的方法有很多，但最好的方法莫过于用幽默接话。事实上，当交流陷入尴尬的境地时，一些幽默技巧的运用，可以让自己迅速摆脱尴尬，有时甚至还会给对方以回敬。这就是幽默的超级效用。

林肯就是一个善于运用幽默接话来化解尴尬的高手：

有一次，林肯正在演讲时，一个青年递给他一张纸条。林肯打开一看，上面只有两个字："笨蛋"。

看到纸条内容，林肯难免心中不快，但是很快，他就恢复了平静，笑着对大家说："我收到过许多匿名信，全都只有正文，不见写信人的署名；而今天正好相反，刚才这位先生只署上了自己的名字，却忘了写正文。"

这则案例中，如果林肯一本正经地解释，恐怕不知要费多少口舌，而听者可能会莫名其妙，也不能为自己解除困境。因此，我们要想利用幽默法突破尴尬窘境，就要和林肯一样，具备一种良好的心理品质，当然，这种心理品质，人们是在长期的生活中养成的。它使人能够敏锐地发现生活中的趣事，既能看到可笑的一面，又能看到可爱的一面。有这种对生活的领悟，才可能理解幽默，才能有幽默的谈吐。

幽默是一种开朗的品质，是思想、学识、经验、智慧和灵感在语言运用中的结晶，是使语言生动形象的有效手段之一。无独有偶，丘吉尔也是个幽默高手。

有一次，英国首相、陆军总司令丘吉尔去一个部队视察。天刚下过雨，他在临时搭起的台子上演讲完毕下台阶的时候，由于地滑不小心摔了一跤。士兵们从没有见过总司令摔跤，都哈哈大笑起来，陪同的军官惊慌失措，不知如何是好。

丘吉尔微微一笑说:"这比刚才的一番演说更能鼓舞士兵的斗志。"效果的确如丘吉尔说的,士兵们对总司令的亲切感、认同感油然而生,必定会更坚定地听从总司令的命令,英勇地去战斗。

这里,丘吉尔运用得体的风趣幽默性谈话,表现出其风度、素质,赢得士兵们的好感。

生活中许多难言的尴尬,其实可以用幽默的方式化解。要想利用幽默言辞化解尴尬,就必须有迅速的反应力与机智。因为幽默就像是击石产生的火花,是瞬间的灵思,反应灵敏才能说出幽默的语句,才可能化解尴尬的场面。

但必须强调,幽默并不是讽刺,它或许带有温和的嘲讽,却不刺伤人;它可以是以别人为对象,也可以用自己为对象,而这也显示了幽默者与被幽默者的胸襟与自信。在社交场合,说话带些风趣和幽默更能体现出一个人的修养和礼仪,也显示出其人格魅力。

在一次盛大招待宴会上,服务生倒酒时,不慎将酒洒到了坐在边上的一位宾客那光亮的秃头上。服务生吓得不知所措,在场的人也都无所适从。而这位宾客却微笑着说:"老弟,你以为这种治疗方法会有效吗？"宴会中的人闻声大笑，尴尬场面即刻打破了。

借助"自嘲"，这位宾客既展示了自己的大度胸怀，又维护了自我尊严。因为幽默大都避免使用激烈的言辞，它讲求寓深远于平淡，藏锋芒于微笑。但这是指一般情况而言，在某些特殊情况下，它也有尖锐刺痛、一针见血的穿透力。

在与人沟通的过程中，幽默能显示我们自尊优越的人格力量和旷达通晓的生命意识，更能显露我们的睿智与才华，展示我们的风采与魅力。如果遇到意外的事件，或者难以直接回答的问题，可用幽默诙谐的方法来接话，给自己下台的机会。不必捧腹大笑，不必脍炙人口，有时一个微笑，一个小小的恶作剧，就会让你豁然开朗，拨云见日。

幽默反击，接话时方可回避对方刺来的锋芒

生活中，尽管我们都强调要与人为善，但并不代表他人也能如此相待。事实上，我们与人沟通，有可能遇到被他人恶语相向的情况，此时，一般人正常的反应就是采用同样的方法回击，但这并非高明的人际互动技巧，最高明的技巧是运用"幽

默反击术"。这样接话既不伤人，又能立竿见影、反客为主，能在谈笑自若、云淡风轻中轻易化解人与人之间的尴尬、龃龉与冲突。

萧伯纳是英国诙谐剧作大师，一次在一场盛大的游园会上，一个衣冠楚楚的年轻人上前问他："你是萧伯纳先生吧？听说你父亲只是一个裁缝匠。"年轻人的语气充满了轻蔑与不屑。

萧伯纳点头微笑道："不错，我的父亲是个裁缝。"年轻人步步紧逼："那……你为什么不学他呢？"

萧伯纳依然不生气，他笑看了年轻人一眼道："听说你父亲是个谦恭有礼的君子？"年轻人扯了扯衣领，高贵又骄傲地说："对呀，大家都知道！"萧伯纳说："那你为什么不学他呢？"

年轻人顿觉羞愧万分赶紧离开了。

这叫"以子之矛，攻子之盾"。面对年轻人的讽刺与恶意的攻击，萧伯纳采用轻松幽默的方式将了他一军，大快人心。

可见，幽默反击战是一场没有硝烟的战争，却能让对手从此不敢再小觑、低估你的"作战"能力。幽默反击通常都紧抓住对方言词、肢体的"小辫子"施以反击。

阿凡提是运用幽默反击的高手：

一天，某国来了三位外地商人，这三位商人在被国王接见后，向国王提出三个难题，但是无论是国王还是大臣们，都无法给出答案。有人提出可以让阿凡提来回答，国王立刻召来了阿凡提。

不多时，阿凡提就骑着驴径直来到国王面前，抚胸施礼道："尊敬的国王陛下，鄙人前来拜见，有何吩咐。"

国王说："阿凡提，你赶快回答这三位贵客提出的问题。"

阿凡提望了望这三位商人，说道："鄙人洗耳恭听，请贵客提问。"

第一位商人问道："阿凡提，地球的中心在哪儿？"阿凡提不慌不忙地用手里的拐杖指着他那毛驴的右前腿说："就在我那毛驴的右前腿下！""怎么证明你的答案？"那位商人又问。"先请您量一下，如果多一尺或者少一寸的话，由我来负责！"阿凡提说道。那商人听了无言可对。

第二位商人问："那么天上有多少颗星星？"

"我这头驴身上有多少根毛，天上就有多少颗星星。如果您不相信，就请您数一数，多了或是少了请您找我。"阿凡提回答说。

第二位商人听了阿凡提的话只好默默不语。阿凡提向第三

接话的技巧

位商人暗示请提问题。商人问道:"我的这把胡子有多少根?请你回答!""我这头驴的尾巴有多少根毛,您的胡子就有多少根。"

"何以见得?"第三位商人听了发怒道。"如果不相信,请您把胡子一根一根地拔下来,我也把毛驴的尾巴一根一根地拔下来,咱们一起来数一数,请您把您的胡子拔下来吧。"阿凡提回答说。第三位商人听了,摸一摸胡须只得哑口无言。

在人们心中,阿凡提是智慧的化身、欢乐的化身,只要一提起他的名字,愁眉苦脸的人就会展开笑颜。从这里,我们便能领略到阿凡提的幽默与智慧。似乎无论对方采取什么样的招数,阿凡提都能做到反客为主,幽默地避开矛盾的锋芒,让人们为之一笑。

当然,这种幽默接话的方式,一般是对方的攻击有多少分量,反击就有多少分量,这个分量可以适当减轻,但不可以加重。在运用这种幽默技巧反击对方讽刺的时候,切记不可忘了这一点。否则,可能会因为反击分量过重而引起新一轮的争吵。

顺水推舟，幽默接话化解危机

现实的人际交往中，我们在说话办事的过程中，常常由于各种原因而陷入一些危机中，此时，如果我们能顺水推舟，顺着别人的意思交流下去，那么，常常会制造出幽默并且"柳暗花明又一村"的效果，让他人"误入歧途"。

林肯长相很普通，有一次在一个公开场合，一位记者对林肯说："你长成这个样子，还出来干什么？不如躲在家里别出来。"

这话自然是很不礼貌的，但林肯只是淡淡一笑，回答道："很抱歉，我这是身不由己。"

号称"无冕之王"的记者是非常擅长给名人们制造麻烦的，有许多名人都曾面对过记者的刁钻提问，常有不知如何回答的烦恼。如果应对不慎，就会使自己的形象大受影响，这是显而易见的，但那些充满智慧和才学的人往往能八仙过海，各显神通。这里使用的就是顺水推舟制造幽默的方法，"身不由己"是就他的长相来说的，天生如此，他也没有办法。大家听了，都笑了起来，难堪的局面就过去了。

接话的技巧

一天，一个大学刚毕业的新人来到一家著名企业应聘。乍一看，他没有任何特别的地方，但仔细观察后不难发现，这个小伙子的脸上透露出一股罕见的自信和胸有成竹的微笑。

小伙子来到大厅，看到经理已经在收拾东西了，经理只盼着赶紧面试完最后一个人，好快点回家休息。经理瞥了一眼小伙子，便面露难色地说："我们不能雇用你了。因为这里已经有足够多的职员，我们连他们的名字都登记不完。"经理想让小伙子知难而退，却没想到，小伙子气定神闲地说道："若是这样，那我看你们还缺少一人。不如您安排我做这份工作，我来专门为您登记职员们的名字。"

经理吃了一惊，想不到这个其貌不扬的小伙子居然能一语惊人。他马上放下正在收拾的东西，认认真真地询问起小伙子的情况来。最后，小伙子凭借着自己风趣的谈吐和自信的风度，成功进入了这家知名企业。

生活就像巧克力，没有人知道下一颗是什么味道。就像这个故事里的小伙子一样：被拒绝，没什么大不了的。不要把尴尬看成尴尬，多一点点自信，你就能灵机一动，把别人给你出的难题顺水推舟地还给对方，用幽默的应答让对方对你刮目相看。

当然，要利用幽默法顺水推舟地接话，从而解除危机和矛盾，还需要我们从一些逻辑思维方法上入手：

1.逻辑推理，以理服人

以与自己相关的生活理论做"挡箭牌"，符合逻辑，轻松扳倒对方。

作家对厨师说："你没从事过写作，没有权利对我的作品提出批评意见。"

厨师对作家说："我一辈子也没下过蛋，可是我能尝出炒鸡蛋的味道如何，母鸡能吗？"

厨师根据逻辑推理反驳作家，这样类比，作家成了母鸡。既阐明了道理，又让作家自食其果，哑口无言。

2.将错就错，随机诡辩

既然无法正面辩解就将错就错，随机应变来阐释有悖于常理的哲学，以"化腐朽为神奇"。

一个推销员在一家百货商店里展示他的"折不断的梳子"，他让梳子接受各种压力的考验以此吸引人们的目光。最后，推销员把手握在梳子两端向中间弯折，啪的一声，号称"折不断的梳子"断了，他不失时机地拿起两半梳子让大家看，并高声说道："先生们，女士们，我想让大家看看'折不断的梳子'的内部结构……"

号称"折不断的梳子"断了,场面十分尴尬。而推销员将错就错,显得十分沉稳老练,并说是自己有意让大家看梳子的内部结构,缓解了紧张的局面,值得称赞!当然,这里的顺水推舟,是顺的自己的水,是本着解决自己无意酿造的危机为目的的。

3.先发制人

危机和矛盾激化后再处理难免会加大解决的困难,也可能造成对方心理上的对抗,所以应做到先发制人,在危机出现之时就采取措施。

在罗斯福当选美国总统前,曾在海军任要职。一天,他的一位朋友向他打探海军在加勒比海一个小岛上建立海军基地的保密计划。罗斯福向四周看了看,压低嗓门说:"你能保密吗?""当然能!"朋友爽快地答应了。"那么,"罗斯福微笑地说,"我也能。"

罗斯福以怪制怪的反向思维确实应用得恰到好处,既让对方明白了自己的态度,又对对方这种行为的不合理性加以反驳,以这样的手段应对,甚为高明。

总之，无论什么场合下，当遇到矛盾和危机的时候，我们都需要以高度的机智、敏锐的眼光找到解决问题的方法，然后在接话时轻松地开个玩笑，有时候，问题便迎刃而解！

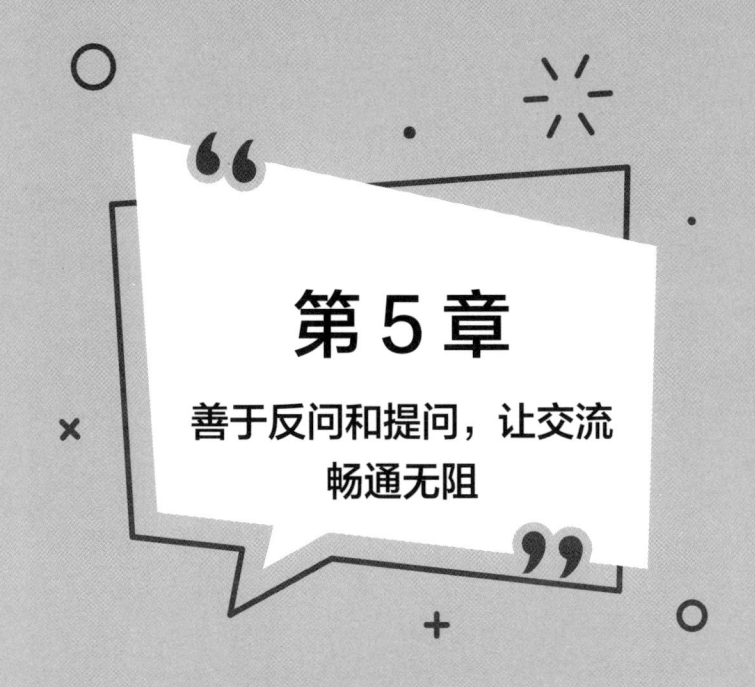

第 5 章
善于反问和提问，让交流畅通无阻

所谓沟通，本来就是一个有问有答的过程。有发话，就有接话，但沟通对象可能会因为有抵触心理而不肯与你配合，不愿意告诉你实情。此时，我们便可以通过一些方法和手段巧妙地从对方的口中"套出"你想要知道的信息，其中就有提问和反问，在接话时多运用这两种句式，能帮助我们尽快掌控沟通中的主动权。

善于在接话时运用提问和反问句式

我们都知道，在语言表达上，我们说话的句式有很多种，但相对来说，提问、反问等比平铺直叙更能产生积极的语言效果。因为如果我们平淡地对其陈述一件事，是没有加入说者的个人情感的，而提问和反问，则表示了自己的疑问和质疑等，更能让听者了解我们的想法和情感。因此，在与人沟通中，我们在接话时可以适时运用提问和反问，这样，更能加强说话效果。当然，反问和提问在具体的语言运用中是有不同的策略的：

1.提问

有问，有答；问什么，答什么；怎么问，怎么答。作为言语策略，提问和答问在言语交际中不是这么简单，往往变化无穷。

唐庄宗李存勖是有名的昏君，他有个爱好——打猎。

有一次，他带领人马浩浩荡荡地来到中牟县打猎。中牟县令闻讯赶忙前去迎驾。

第5章
善于反问和提问,让交流畅通无阻

县令跪在庄宗马前,为民请命,希望庄宗在打猎时能稍微留意,不要踩踏农民的庄稼。庄宗大怒,呵斥县令道:"滚开!"

伶官见势不妙,赶紧带着他的演唱人员将县令捉来,押至庄宗面前,斥责他说:"你身为县令,难道不知道我们的天子爱打猎吗?"

县令低着头说:"知道。"

伶官道:"既然知道,你为何要放纵你的百姓种田来向皇上交纳赋税?为什么不让你的百姓饿着肚子把田让出来给君王打猎?你说,该当何罪?"说完,便恳请庄宗杀掉县令。

其他伶人也一齐唱和道:"请君王让我们把他杀掉!"

庄宗听后置之一笑,要大家放了县令。

这则故事中的伶官是个智者,面对昏庸无道的皇帝即将杀害忠臣良将,他并没有直接阻止,因为这样做的结果只能是让自己也招致杀身之祸,此时,他选择了反问式的幽默,从反面提问:"你为何要放纵你的百姓种田来向皇上交纳赋税?为什么不让你的百姓饿着肚子把田让出来给君王打猎?"很明显,这个问题的答案是利于这位县令的,于是,唐庄宗自己得出了正确的结论,放了县令。

2.反问

所谓"反问",就是用否定的形式来表达肯定的意思,答案已寓于问句之中,它比正面发问更有力量。反问还有一个妙用,就是在有些问题不便答复又不便回绝时,就可以用反问。

我们先来看下面两个例子:

从前,有个很刻薄的地主,他总是希望长工们没日没夜地干活。

一天,他半夜爬起来,催工人干活,这位工人说:"等我缝完了衣服就去。"地主冷笑说:"天这么黑,你怎么看得见缝衣服?"

长工立刻反问道:"既然天这么黑,又怎么能干活呢?"一句反问,驳得地主哑口无言。

一日,某工厂举行了一次"振兴中华读书演讲会",其中有个叫方婷婷的员工,当她走上演讲台后,就说:"我给大家演讲的题目是《论坚守岗位》。"说完就朝会场外走去,台下顿时一片哗然。

过了约两分钟,她又回到讲台上,面对听众说:"如果我在演讲时离开讲台是令人不能容忍的话,那么工作时间擅离生产岗位,难道不应该受谴责吗?"听众沉默片刻,随即给予热烈掌声。

第 5 章
善于反问和提问，让交流畅通无阻

一个反问，简明而有力地说清了"坚守岗位"的重要。以上两个例子，无论是阐述自己的观点或反驳对方的谬误，都生动地说明了巧妙地运用反问，效果比陈述句更加强烈。

英国大文豪萧伯纳的剧本《武器与人》在首次公演的时候就获得了巨大的成功，热情的观众要求萧伯纳上台接受大家的祝贺。萧伯纳不好拒绝观众们的热情，就从座位上起身，向舞台中央走去。

当他刚刚走到舞台上准备向观众们致意的时候，突然一个人在下面大声地说："萧伯纳，你的剧本实在是太烂了，没有人稀罕你的作品，还是自己拿回家看去吧，别在这里丢人现眼了！"观众们听了都对这位口出狂言的无理取闹者表示抗议，同时也认为萧伯纳会气得浑身发抖。

但是有着深厚修养的萧伯纳并没有表现出任何发怒的表情，反而客气地向那位出言不逊者深深地鞠了一个躬，彬彬有礼地说："这位朋友，你说得实在是太好了，我完全同意你的意见。"接着他的话锋一转，面朝观众说："不过非常遗憾的是，在场的人中只有我们两个人提出了反对意见，我们两个人的反对能够对这么多的观众起到什么作用呢？我们两个人能制止这个剧本的演出吗？"

萧伯纳的话说完，全场就发出一阵欢乐的笑声，接着观众

接话的技巧

们对萧伯纳报以热烈的鼓掌。那位挑衅者见势不妙，只好灰溜溜地从剧场逃跑了。

可见，我们在接他人话的过程中，善用提问和反问，能把本来已确定的思想表现得更加鲜明、强烈。它不但比一般陈述句语气更为有力，而且感情色彩更为鲜明，同时，它还能通过加深的语言内容和语气增强说话者的气场，从而起到最终加深听者对所叙事物的认识的作用，有言简意赅、引人注目的效果。

接话后提出的第一个问题，就要得到对方的认可

在人际交流中，当对方提出一个问题时，如果我们并不认可或者反对，而是用直截了当的观点接话，对方未必能接受；但如果我们换一种方法，采用提问法，并且，提出的这一问题，对方是没有异议的，那么，对方更容易接受我们的观点。如果一开始就让对方否定我们，那么，再让对方转变观点，难度就大多了。

我们先来看下面的销售故事：

第 5 章
善于反问和提问,让交流畅通无阻

小李是一家电子产品公司的销售员,这天,他前来拜访一位客户,在沟通过程中,他们产生了分歧。

客户:"到现在为止,所有厂商的报价都太高了。"

销售员:"所有的报价都太高了?真的是这样吗?"

客户:"是的。"

销售员:"不过,我想您应该不会反对我与您进一步展开合作吧?"

客户:"反对倒还不至于。"

销售员:"那么如果我们有机会再次合作,难道您不觉得我们可以帮助您建立更广泛的客户群吗?"

客户:"嗯,很有可能。"

销售员:"您想我们平时买质量优质的手机和传真机,都是为了拥有更好的通话质量,对吗?如果我们的产品通过与您的合作被更多人所使用,那么那些受益者第一个想到的就是贵公司的名字对吗?"

客户:"嗯,那倒是这么回事。"

销售员:"所以您不反对我们通过和您的合作可以帮助更多人建立起一套更实用的电话系统,是吗?"

客户:"是。"

很明显,小李与客户实现成交的方式就是通过一步步地提问，然后将主题引到销售上来。让客户一直未对产品说一个"不"字，小李这样做的好处是有利于掌握谈话主动权，控制整个交谈进程，进而可以把销售工作引到自己所希望的情况上来。对于销售中的说服工作，如果销售员在销售开始时就把产品的卖点亮出来，让客户主动说"是"，认可产品，那么，对于产品的某些无关紧要的小缺点，也就不那么在意了。

其实，人的心理在这方面表现得尤为明显，当他的语言中发出了"不"这个单词后，那么，他会做出一系列否定的动作。他整个的身体——腺体、神经、肌肉——就会一起把他包裹起来进入一种抵抗的状态。通常来说，他在身体上会出现稍微的后退，或者准备后退，有些情况下可能还会表现得十分明显。也就是说，他的所有的神经包括肢体都会进入一种戒备状态。反过来，当他说"是"的时候，是没有这种戒备的状态的，他的整个身体是处于前进的、开放的、接纳的、放松的状态。所以，如果我们在演说一开始时就能获得更多的"是"，那么，我们能成功地被听众接纳的可能性就更大，也能为我们成功演讲铺路搭桥。

那么，到底怎样一开口就能获得对方的认可呢？也许林肯能告诉你答案："我展开并赢得一场讨论的方式，是先找到一个共同的赞同点。"

同样，这一策略可以运用到其他情况的说服中，那么，我们该怎样做才能让对方在一开始就说是呢？

1.提出一个对方必定会认可的问题

比如，你可以对客户说："××先生，您应该知道我们的产品向来都比A公司的产品价位低一些吧？"当然，我们在提问前，一定要对所叙述的问题有十足的把握，不能让对方抓住把柄。

2.循循善诱，强化对方对你的认可

也就是说，在接下来的提问中，我们所提问的也必须是答案为"是"的问题，当然，这些问题还必须是与我们要说服的主题息息相关的，不然会让对方摸不着头脑。

3.巧妙过渡到我们要让对方认可的话题上

这是提问的目的，当我们已经得到了对方的认同，对方已经毫无否定或质疑，再提及我们要说的关键问题，对方自然心甘情愿地接受。

总之，我们在谈话中，要让对方接纳我们的观点，最具说服力的劝服技巧无非是让对方自己承认，让其拒绝之前先说"是"，这样能有效地将对方的拒绝遏制住。

接话的技巧

以开放性问题接话，能营造良好的沟通氛围

我们都知道，人与人之间的沟通是相互的，我们不能唱独角戏，不少人感叹自己缺乏沟通能力，其中一个重要的原因是与对方话不投机。有些人似乎总是能营造出愉快的沟通氛围，其实是因为他们善于提问来挖掘谈资，沟通双方一旦找到了沟通的兴趣所在，便会在一来二往中增进彼此的感情。要让提问更好地发挥效果，就要求我们在接话中多提积极的、开放的问题。因为通常来说，只有开放性的问题才能让双方交谈的范围越来越广，双方才更有谈资，也才能产生积极的沟通效果。

一个刚来到澳大利亚的中国留学生遇到了这样一件事。

一天，他在街上闲逛，这时，走过来一个金发小姐，并对他说："您是中国人？"

"嗯。"他下意识地回答了一声。

"那么，我能问您几个问题吗？"

"但是我并不懂英语。"他打着手势，装作并不懂的样子。

"请放心吧，只是四个问题。"金发小姐对他微笑了一下，然后问了一连串的问题："您是学生还是工作了？您最想做的事是什么？将来想从事什么工作？对未来有何打算？"

听到金发小姐这么提问,他心中所有的疑问都消除了。他心想,在这样一个陌生的城市中,竟然还有人关心他,关心他的工作、生活,甚至未来,于是,他也很诚恳地回答了金发小姐的问题:"我还是学生,但我同时也在打工,我每天都感到很压抑,我没有朋友,因此,我希望和别人交往。在未来,我当然希望从事我喜欢的工作并取得一定的成就。"

"您渴望交朋友、渴望让自己的生活丰富起来,也渴望成功,那么,您想过吗,您可以选择一个媒介去帮您实现,对于这一点,我现在就能告诉您。"

他感到十分惊奇:"她怎样帮助我实现?"于是,他在金发小姐的带领下,来到了她的办公室。接下来,金发小姐告诉他,她的工作是帮助那些有困难的人,根据他们的具体情况,为他们推荐他们需要的书籍,并且,这里的书籍还可以享受九折优惠,于是,这位留学生不得不买了金发小姐推荐的一本书。

在这个案例中,金发小姐成功推销出自己的书,就是因为她善于提问,她先用一连串的问题发起提问,而这些问题,是丝毫没有涉及推销的,并且是从关心留学生的角度提出的,因此,很快便使留学生消除了心理障碍。然后,她再适时地引入销售问题,让留学生产生一种继续想知道的愿望,随后,金发小姐成功推销出书也就顺理成章了。

的确，开放性的问题因为具有很大的回答空间，所以能激发对方的谈话欲望，让对方自然而然地畅所欲言，从而帮助我们获得更多有效的信息。在对方感受到轻松、自由的谈话氛围后，他们通常会感到放松和愉快，这显然有助于双方的进一步沟通。通常来说，开放性的提问方式有一些的典型问法，比如，"为什么……""……怎（么）样"或者"如何……""什么……""哪些……"等。具体的问法就像案例中一样，需要我们认真琢磨和多实践才能运用自如。

当然，在提开放性问题的时候，我们还需要注意以下几点：

1.以轻松的问题发问

以轻松的话题开头，最好不要涉及我们的目的，这样，能打消对方的戒心和顾虑，使对方乐于与你交谈。当对方显露出需求，你再主动出击，将问题转变得较明确。例如：

"您好。是周经理吧，我是××公司的小王，您最近很忙吧。"

"是呀。"

"周总，端午节就快到了，不准备庆祝一下吗？"

"当然了，我们正在安排呢。"

"那我先预祝您节日快乐。"

"谢谢,您有什么事啊?"

"我们给您发过一份传真,说明了一下我们公司的业务内容,不知道您收到了没有。"

当然,以这种问法开头,要求我们掌握在交谈中主动提问的技巧,这样问的目的在于一步步引导对方,在对方肯定了我们所有的问题后,自然会得出积极的结论。

2.不要轻易否定别人的回答

与他人沟通的过程中,如果当你提出某个开放性问题后,对方的回答你不认同,你甚至特别想说服对方接受你的观点,此时,你最好不要一上来就否定对方的观点,因为谁也不喜欢被人否定。相反,如果你能机智、委婉地说出你的观点,然后将对方引导到其他话题上,从而让他们忘记自己原来的观点,这是能将话题继续下去的明智之举。

3.提问不要涉及对方的忌讳

每个人都有一些别人不愿提及的忌讳,我们在提开放性问题的时候,最好避开这类话题,把握分寸,不要伤害到别人的自尊心。

总之,我们能不能成功达到沟通目的,直接取决于沟通氛围如何,我们在接话后多提开放性的问题,能使双方在你来我往的沟通中加深感情，从而逐步改变对方，使其接受我们的观点，何乐而不为呢？

掌握提问的技巧，让对方自己得出结论

我们都知道，与人沟通，我们通常都希望对方接受自己的观点，但在实际沟通中，当对方表达完后，我们在接话时经常费尽唇舌表达自己的观点，对方却未认同。其实，如果我们改变策略，不直接表达观点而采取提问的方法，让对方跟着我们的问题走，使其自己思考进而得出结论，那么，问题就简单多了。

有这样一则故事：

乔治是一家服务中介公司的老板，公司的主要职能是为其他公司提供销售人员和管理人员。在一个星期五的下午，他和他的老同学有一个约会，那天天气很热，当他到达约会地点的时候，发现自己早到了二十分钟。为了不让这20分钟的时间白白浪费掉，他决定找个客户进行推销。

乔治看到他所在的咖啡厅对面有一家规模比较大的汽车销售公司，于是，他准备去试试。

经过询问，乔治发现老板并不在公司，而是在对面的接待处。于是，乔治来到这里，他看到汽车销售公司的老板正在和部下商量事情，乔治敲门进去，问道："我猜您现在应该是在谈如何增加销售额，如何让公司业绩提升吧？"

"年轻人，您找我有事吗？今天可是周五啊，又是午饭时间，你为什么会选择这样一个不恰当的时间拜访我呢？"

乔治满怀信心地盯着对方说："您真的想知道吗？"

"当然，我想知道。"

"好吧，我陈述一下我的目的，我到这儿原本是约了朋友，但我早到了二十分钟，浪费时间不是我的原则，所以，我想来做个访问。"稍做停顿，乔治又压低声音问："贵公司大概没有把这种做法教给销售员吧？"

这位汽车销售公司的老板一听乔治的话后，立马改变了自己的态度，他微笑着对乔治说："多亏你，年轻人，请坐吧。"

这里，我们发现，乔治能让客户在百忙中接受他的访问，就是因为他运用了这种"很简单，却很狡猾"的提问方法来赢得客户的好感。同样，与人交谈的过程中，我们采用这种方法，也比直截了当地告诉对方我们的观点来得更有效。那么，沟通中，我们该如何提问呢？又该问哪些问题呢？

1.多问"为什么"

"我想您这样说,必定是有原因的,为什么呢?""为什么您的销售业绩总比我们好呢?"

这样提问的好处是,对方有足够的时间和机会来回答,并且,因为这种问题是开放式的,对方的回答一般也是发散的,你可以获得更多的信息。因此,当你遇到很多不明白的问题时,你都可以问"为什么"。当然,你一定需要注意的是自己的态度和语气,不要让对方觉得你是在质问他。

2.问"你的意思是……"的问题

"你的意思是……"这样问时,你可以配合一定的肢体动作,另外,你需要注意的是,当你说完这五个字以后,就不要再说话了,让对方来接你的话,效果会好很多。

3.问"除……之外"的问题

"我已经清楚了你的意思了,那么,除了这点外,你觉得还有什么比较重要呢?""我很同意您说的这点,那您还有什么其他的想法吗?"

同样,在问这类问题的时候,我们也应该注意自己的语气。只要做到这点,对方一般都是乐意向我们和盘托出的。

例如,如果你是某公司的销售主管,而你发现最近一段时间内,公司的销售业绩一直不是很好,你知道问题出现在销售人员身上,但你也不好直接批评他们。对此,当销售人员把原因归结到前半个月是促销期的原因后,你可以再继续问:"对,前半个月是促销期,那么除了这个原因之外,你认为还有没有其他的原因呢?"销售人员说:"我感觉这几天好像没有以前那么有信心了。"此时,你就应该继续抓住机会问:"是什么原因导致你信心下降呢?"

只要你能坦诚地用心与对方交流,沟通其实并不难。

总之,用引导的方式提问,是重要的接话技巧,善于提问,你可以得到你想要的结果。

接话中妙用提问法,排除沟通障碍

我们都知道,与人交流时,有发话就有接话,但经常会因为各种原因,导致对方对我们有抵触情绪或者对我们有误会,导致交流出现障碍。对于产生障碍的原因,我们并不了解,因为并不是所有人都会将自己的内心敞开,此时,我们在接话时不妨通过提问的方式,不断探出问题的症结,开展说服工作,最终排除障碍。

电脑推销员小张在向某公司采购部主任推销电脑器材时,很好地充当了顾问的角色。

"您觉得，现在购买电脑，最需要注意的问题是什么呢？"

"我觉得最需要注意的是笔记本的使用年限，现在的电子产品更新换代实在太快了。"

"的确是这样，这几年，我的电脑配置也一直在更新。几年前，我的电脑是256MHz的主频，64MB的内存，40GB的硬盘。3年下来，我已经将硬盘升级到了160GB，内存升级到了1GB。"

"是啊，这也是我购买电脑最担心的问题。那么，你能给我点建议吗？"

"我认为，您应该在CPU的主频和硬盘方面的配置高一些，因为主板的设计造成CPU不能用市面上的CPU来升级。而内存的升级最容易而且价格下降较多，内存现在只要够用就行了，以后可以很方便地升级。另外，屏幕技术发展比较稳定，没有必要升级。你可以购买19英寸的显示屏，这样在几年之内都会是顶级配置。整体看来，你的电脑使用时间也就会长些。"

"嗯，说得很有道理，那么，你觉得，以现在的市场情况，购买什么样的配置比较合适呢？"

"现在生产的电脑CPU有酷睿双核、弈龙和一些四核高端产品，我建议您采用E5300的CPU。您使用的数据量很大，考虑到以后升级硬盘时要淘汰现有的硬盘，所以我建议您这次的硬盘配到1TB,内存使用2GB就可以了,屏幕选择19英寸。"

"有道理。"

小张在推销电脑的时候,就是运用提问的方式逐步了解到客户的需求的。因此,销售员在推销产品的过程中,一定要掌握一些提问的技巧,同时,确保自己对客户所讲内容有很清晰的认知,这样才能避免提问中出现不必要的误解。

提问的好处多多,可以帮助我们挖掘出对方内心的真实想法。但事实上,提问也并非一件易事,因为我们的提问只有在发挥积极的作用时,对方才愿意回答。而这就要求我们掌握提问的技巧,才会逐渐消除对方的戒心,并乐于回答问题。

具体来说,我们可以这样提问:

1.快速熟悉对方,消除陌生,为提问作铺垫

如果你没有向对方先谈自己的情况就开口向他问这问那,一般情况下,他可能并不乐意回答你的问题。而如果我们懂得消除陌生,是可以令对方合作的。

事实上,对陌生人提问,最大困难就在于不了解对方,因此同陌生人交谈首先要解决好的问题便是尽快熟悉对方,消除陌生。你可以先行自我介绍,再去请教他的姓名职业,然后试探性地引出彼此都感兴趣的话题。双方熟悉、消除心理障碍之后,再去问一些问题,只要无伤大雅,对方都乐于回答。

2.应注意提问内容,不要问对方难于应对的问题

如超过对方知识水平的学问、技术问题等;也不应询问人们难于启齿的隐私,以及大家都忌讳的问题等。

3.注意发问的方式

在提问之前,你可以事先设计一个脚本,比如,你的家中来了一位亲戚,亲戚第一次到北京,你如果这样问:"你是海南人吧?""你刚到北京吧?""海南这时候天气很热吧。"此时,对方能给出的答案大概只有"是"了。这不能怪你的客人不善言谈,而是你所提出的问题只能让对方给出这样的答案了,但是假如你能换一个提问的方式:"第一次到北京有什么感觉?""你们海南的椰子除了当水果还有什么其他用处吗?"这样的话,对方不但会为你讲述一些你所不了解的事,还能让其因为畅所欲言而使交谈的氛围更轻松愉快。

同时,如果你提的问题对方一时回答不上来,或不愿回答,不宜生硬地追问或跳跃式地乱问,要善于更换话题。如果对方仅仅是因为羞怯而不爱谈话,你可以先问点儿无关的事,比如问问他工作或学习的情况,等紧张的气氛缓和了,再把话题引入正轨。

"二选一"式的提问，让你在接话中顺利达成目的

在人际沟通中，当我们想要从他人那里得到某种答案时，就不能直接问对方，因为那样比较容易让对方产生抵触心理，同时，也不能给对方更多的选择余地，因为那样的话，对方很可能会举棋不定，无所适从。要想得到正确的答案，我们不妨在接话中就采用"二选一"式的提问来得到答案。

"二选一"是一种非常有效的提问技巧，因为这种方式能够在很短的时间内让自己掌握主动权，使对方进入自己所希望的状态之中。比如，当一个探员想约见某一人时，绝不会说"您什么时候有时间"，而是会问对方"您明天有空吗"。这样一来，对方哪怕明天没有时间，也会在下意识里思考一下什么时候有空，然后给你一个明确的答复。

其实，在现实生活中，很多人都擅长用"二选一"的方式来得到答案，达到自己的目的。

有一个媒婆很会做媒。无论是男是女，只要有人考虑结婚的事，她都能有百分之百的把握去给他们做媒。为什么这个媒婆能有如此大的能耐呢？关键在于她的提问方式。她说道："当一个人对婚姻大事举棋不定的时候，你不能问他什么时候

考虑婚事，也不能问他为什么到现在也不考虑找对象的问题，而是要直截了当地提问'是自由恋爱的方式好呢？还是介绍见面的方式好'，如果他做了选择，那就表示事情已经成功了一半，再谈结婚的事。"

在婚姻大事上，有很多人往往会因为对自己想要选择的配偶形象太过迷茫而举棋不定，不知道如何选择。为了掩饰这种迷茫心理，他们往往会寻找这样或者是那样的理由。因此，这位聪明的媒婆通常都不会询问他为什么不找对象，而是以"二选一"的方式问他选择什么样的恋爱方式。如此一来，就会使他产生"是否结婚的问题已经解决了"的错觉，从而顺着你的思路做出选择。

在平常的生活中，不能询问别人"你想要什么""你喜欢什么"，而是应该为对方提供两种答案来供其选择，只有这样才能有效地将对方引入一个自己设定的领域中。

有一些销售员在销售皮鞋的时候，通常会问客户"您喜欢什么款式的皮鞋"，这种方式看似比较细心，实际上却给客户出了难题，对方一时间也不可能给你一个清晰的答案。如果按照"二选一"式的提问，就应该说："先生，您要哪一种？这种鞋美观大方，显得很正式；而另一种鞋很结实，很适合日常生活穿。"当你这样说时，客户就会不自觉考虑一下哪个款式更适合自己的问题了。无论他做出什么样的回答，都会落入你设计的"圈套"之中。

"二选一"式的提问适用于很多场合。比如，一位银行的职员想说服别人储蓄的时候，往往不会问他要不要储蓄，而是问他是选择活期还是定期的存款方式；一位善于教育孩子的家长，绝不会对不想学习的孩子说什么时候做作业，而是会问"你今天是要复习功课，还是预习功课？"

可见，"二选一"式的提问能够让对方按照自己的要求做事，同时也给了对方一个选择的机会，让对方感觉到结果不是强加给他的，而是他自己选择的。这样就能够很好地维护对方的自尊心和虚荣心，从而让对方更好地与你进行合作，最终达成协议。

在向别人进行提问的时候，我们不能简单地问对方"是或不是""要或不要"，除非你有充足的把握让对方回答"是"或者是"要"。

"二选一"式的提问只是一个规则，并没有特定的形式，使用这种方法进行询问的时候，应该根据不同的情况而选择不同的提问语言，比如：

"你要用汽运还是空运？"

"发票要寄给你还是你的助理？"

"你要用信用卡还是现金付款？"

"你比较喜欢3月1号还是3月5号交货？"

"你要红色还是蓝色的汽车？"

当你使用"二选一"的方法提问的时候，相信无论客户选择哪个答案，都能够满足你的要求。

当然，使用"二选一"式的提问来接话的时候，也应该尽量地把握好一定的分寸，注意问话的语气，思考一下提供两种答案的先后顺序。如果不思考这些问题，只是机械地以这种方式进行提问，很可能会碰一鼻子灰。

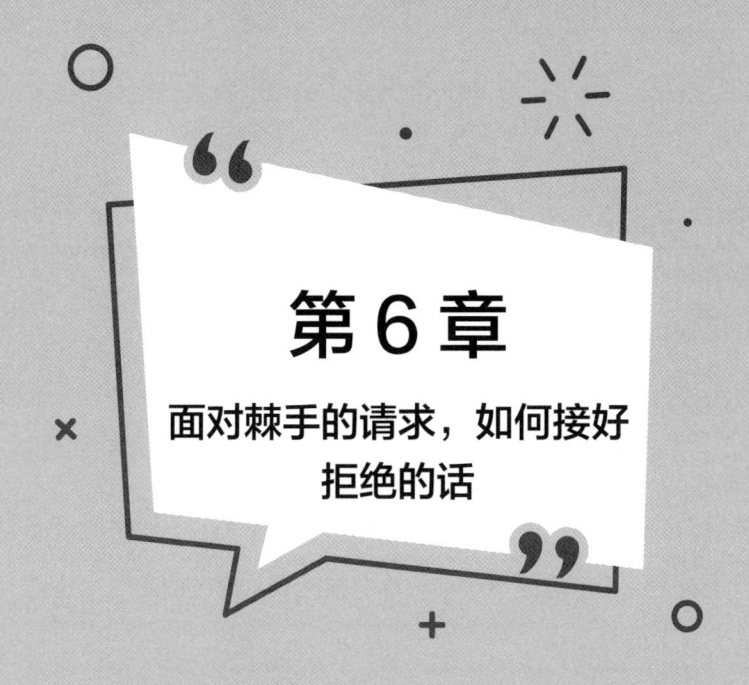

第 6 章

面对棘手的请求,如何接好拒绝的话

生活中,我们常说,助人为快乐之本,朋友寻求我们帮忙,我们理应援助,然而,人的精力和能力有限,我们不可能事事答应。学会拒绝是一种自我保护,而如何巧妙地接好拒绝的话更是一门语言的艺术。面对他人提出的不合理、不合适的要求或者自己不愿意去做的事情,这时候你要善于说"不",这虽然是对他人意愿或行为的一种否定,却有效地达到了巧妙拒绝的目的,还使对方不至于产生不快的情绪。

接话的技巧

勇敢说"不",接拒绝的话切忌唯唯诺诺

在我们生活和工作的周围,总有这样一些人,他们有这样一些典型的特点:嘴里好像从来不说"不",总是"好""是的";面对他人的提问,只点头不摇头。也许,有人会问:难道他们就没有自己的想法和立场吗?当然不是,他们之所以唯唯诺诺是源于内心的不自信,以及缺乏表露想法的勇气,这样的人更不擅长拒绝。

豆豆和阳阳是一对关系要好的小姐妹,周末这天,豆豆来到阳阳家,对阳阳说:"放假了,好不容易有点休息时间,走,我们一起出去玩玩吧!"阳阳面露为难的神色,豆豆又接着说:"听说江边那家书店到了好多新书,咱们去一睹为快。"说完,拉着阳阳就要走。

可是,阳阳还有不少事情没有做,而且妈妈出差在外,爸爸早上出门时,告诉她抄表员要来查水表,让她在家别离开。这真让阳阳觉得很为难,一时之间,拒绝的话难以说出口。

面对豆豆的热情邀请，阳阳怕拂了好友的面子，但她又实在不能出去玩。于是，她才陷入了两难的境地。

在日常生活中，我们不能总说"是"，还需要善于说出"不"。有的人害怕说"不"，结果不仅使自己陷入尴尬，还会使对方有所误会，甚至造成彼此之间关系出现裂痕。有人抱怨"那些拒绝的话怎么说得出口"，其实，拒绝并不意味着就一定会造成伤害，我们之所以不敢拒绝，是因为存在着一定的心理障碍。

无法接好他人的话，最关键的原因在于自己的心理障碍。那么如何消除自己的心理障碍？

1.拒绝是一种自卫

有时候，别人提出的可能是一些不合理、不合适的要求或者自己根本不愿意去做的事情，这时候，拒绝其实是一种自我保护。比如，自己的胃比较敏感，吃不惯辛辣的食物，面对来自四川同事的邀请，你可以委婉地拒绝"那我晚些再去餐厅找你们，我吃不惯火锅"。

2.拒绝是一种智慧

或许你明明知道那位朋友是借钱不还的那种人，但面对他的要求，你还是不好意思拒绝，那最后吃亏的只能是你自己。所以，面对他提出的借钱要求，大可以拒绝"我的工资都是妈妈帮忙管理的，我每天就拿点吃饭的钱，实在不好意思啊"。

接话的技巧

一位老教师教学三十年时间，培养了很多优秀的学生，不少还是企事业单位的领导干部。

有一次，其弟因与人产生纠纷，被人告上了法庭，而这起案件刚好由这位老师曾经的一位得意门生接手。这位老师想着只要去找一下这位学生，希望他能在处理时多关心一下。

然而，这位法官素来以公正严明闻名，但无奈恩师有求于自己，他也左右为难，但很快，他便想到了应对之策。

法官说："老师，我从小学到大学毕业，您才是我最钦佩的一位语文老师。"

老师谦虚地说："哪里哪里，每个老师都有他的长处。"

法官接着说："您上课抑扬顿挫，声情并茂。尤其是上《葫芦僧乱判葫芦案》那一课，至今想起来记忆犹新。"

这位老师很快就进入了角色："我不仅用嘴在讲，简直用心在讲。薛蟠犯了人命案却逍遥法外，反映了封建官僚官官相护、狼狈为奸的黑暗现实。"

"是啊，'护官符'使冯家告了一年的状，竟无人作主，凶犯薛蟠居然逍遥法外……贾雨村徇情枉法，胡乱判案。"法官感叹地说，"记得当年老师您讲授完这一课后，告诫学生们，以后谁做了法官，不要做'糊涂官'，判'糊涂案'，学生一直以您这句话作为自己的座右铭呢。"

这位老师本来已经想好了一大套说辞，但听了学生的一席话，他再也不好意思开口了，自动放弃了不合理的请求。

这位法官的这种拒绝的方法可以说是绝妙之极，首先，他用"老师，我从小学到大学毕业，您才是我最钦佩的一位语文老师"这样一句恭维话，填平老师的自负，然后妙用老师曾经的话堵住了老师想求他办事的口，拒人于无形之中。

3.大胆说出"不"

可能，在很多时候你都习惯说"是"，于是，身边的人都认为你是个很好说话的人，经常会忽略你的意见。那么，不妨大声说出"不"，勇敢地表达出自己的意见，定会为你的形象加分不少。

不直接接话，将话题转移到别处也是一种拒绝

生活中，如何接好拒绝的话，考验了我们的情商和语言水平，高明的接话技巧要既能巧妙达到拒绝的目的，又不至于让对方心里产生不快的情绪。通常而言，太过直白的拒绝往往是伤害人的，不仅严重打击对方的积极性，而且会令对方心生怨恨。

比如，这两种拒绝方式："我不吃韩国料理""附近还有

其他特色餐厅吗？我不太习惯吃韩国料理。"很明显，前一句更像是带着刺的话语插进对方心里，典型的以自我为中心而践踏了别人的一番好意；而后一句则委婉地表达了自己的想法，别人会更容易接受。

当我们开始说"不"的时候，态度必须是委婉而又坚定的。委婉地拒绝比直接说"不"更容易让人接受。比如，当同事提出让你去做违背公司规章制度的事时，你可以委婉地告诉对方你的权限，自己真的是爱莫能助。

在日常生活中，相信我们都经历过需要拒绝他人的情况，我们要拒绝，更要说"不会让对方伤心的拒绝话"，合适的拒绝方式不会让对方感受到伤害，反而会让对方理解你的处境。当然，拒绝并不是以伤害他人为目的，而是以和为贵，尽可能在不影响两人关系的前提下进行。虽然拒绝是很难堪的，但在不得已的时候还是会用到拒绝，只要你能够很好地运用拒绝的艺术，它并不会导致尴尬。

不好直接接拒绝的话时，最好采取迂回的战术，转移话题也好，另有理由也行，关键是要善于隐晦，但又不至于撕破脸。事实上，人都是聪明的，你大可不必担心对方不能领悟你改变话题的用意。

某公司办公室里有一对青年男女，每天一起工作朝夕相处，男方对女方产生了爱慕之情，男方急于要表白心意，女方虽心领神会，却不愿将友情向爱情方面发展，女方认为还是不要说破，保持那种纯真的友谊比较好。于是，就出现了下面的情况：

男青年：我想问问你，你是不是喜欢……

女青年：我喜欢你给我借的那本公关书，我都看了两遍了。

男青年：你看不出来我喜欢……

女青年：我知道你也喜欢公共关系学，以后咱们一起交换学习心得吧！

男青年：你有没有……

女青年：有哇！互相切磋，向你学习，我早就有这个想法了。

男青年：……

这位女青年3次都把男青年的话打断，使男青年明白了她的想法，于是，男青年便不再问了。这比让他直接问出来，女青年当面予以拒绝效果要好很多。

生活中的人们，在遇到以上案例中的情况时，你又是怎样将拒绝的话说出口的呢？的确，在拒绝他人时，我们有时会觉得不便说"不"，便随便找些理由来搪塞对方，以求得一时的解脱。但这个方法并不高明，因为对方仍可能会找理由与你纠缠下去，直到你答应为止。比如你不想答应帮他做事，推托说："今天我没有时间。"他可能会说："那没有关系，你明天再帮我做好了，事情就拜托你了。"此时，你可能很难再用其他借口推辞了。因为这些都是小小的谎言，一经反驳，你肯定会感到慌乱，说"不"的意志便很难坚持了。实际上，你不妨直接采取转换话题的方法，不直接回答对方的问题。

当然，我们在采取这一语言策略的时候，就需要做到正确地断答，才思敏捷，口语技巧娴熟。

首先，断答前要摸准对方的心理，"你一张口我就知道你要问什么""未闻全言而尽知其意"，这与"错答"比起来，要求会更高。

其次，要能抢得自然而恰当，比如从"喜欢"（人）而引到"喜欢"（书），能瞒过在场的其他听话人。

最后，断答往往需要几个回合才奏效，因为抢一两次，对方可能还不能领悟答话者的真正意思，或者略略知道而不甘心，于是继续发问，这就要求"连抢"多次，才能不露出破绽，达到拒绝的目的。所以说难度大，技巧性强，但如果运用得当，效果也会很好。

总之，拒绝别人或被别人拒绝，是我们每个人都可能经历的事情。这是人生中非常真实的一面，谁都会遇到这样的经历。朋友、同事，甚至领导来找你帮忙，有时他们提出的要求是你没有能力或不愿意去做的，此时，我们就要学会说好拒绝的话，我们可以故意转移话题，即在对方还没有完全表达出想说的话时，就将其话断开，转向其他的话题，这样，不仅能委婉传达我们的爱莫能助，也能给足对方面子，可谓双管齐下。

拒绝时加入情感的因素，令对方不忍责怪你

生活中，没有人喜欢被拒绝，而同时，拒绝他人也并非易事，不少人在拒绝别人时都存在一些心理障碍。生活中的你，是否曾经为以下事情伤脑筋：一个你曾经认识的人，他品行不良，但非要找你借钱，你深知，如果钱借给他，就等于肉包子打狗——有去无回；或者一个熟识的生意人向你兜售物品，明知买下会吃亏；或者你的患难朋友，曾在你最困难的时候帮过你，现在有求于你，而你心有余而力不足，但他不相信，认为是你忘恩负义，故意不帮助他……遇到这些问题，你该怎么办？

要记住，你不是神仙，不能呼风唤雨、有求必应，该拒绝的，就必须要拒绝。如果不好意思当场拒绝，轻易承诺了自己不能、不愿或不必履行的职责，事办不成，以后你会更加

难堪。

当然，如何接好拒绝的话是我们需要考虑的问题，因为拒绝就意味着将对方拒之门外，拒绝了对方的一片"好意"，有时会让对方很难堪。而如果我们能根据不同的场合和对象进行考虑，选择恰当的方法，或者为对方寻求更好的解决方法，那么，即使是拒绝，对方也会感觉到你的情义。

小张是公司的一名小领导，员工的工作她必须参与，上级领导的工作她也不能推卸，因此，她常常忙得焦头烂额。最近，她负责一项权责以外的工作，弄得头昏脑涨。因为是第一次经手工作，不明白的地方很多，所以常在思考上花费很多时间，导致工作进度很慢。偏偏在这个时候，上司又要求她去参加拓展业务的研讨会。

小张不自觉地就用比较强烈的口气拒绝说："不行啊，我现在根本就没时间参加什么研讨会。"

上司听后，似乎心头也起了一把火，很不满地说："好吧，那从此以后就不再麻烦你了！"

显然，小张的言辞上有不妥之处。遇到这样的情况，首先要将上司的请求当作指示、命令。一道命令下来，就没有拒绝的余地。在这种背景下，如果不留余地地拒绝，上司肯定会发火，而且也让上司的面子很挂不住。这时候，你可以先说明一下自己的处境。一般来说，如果将自己的难处真切地说出来，上司是能体谅并且接受你的拒绝的。

我们拒绝他人的原因是多种多样的，或是力不能及，或是爱莫能助等。如果你不想因为拒绝而搞坏你与对方的关系，那么，就不妨在你拒绝的语言中加入点情感的因素，但要注意以下几点：

1.语气平缓

除非是那些公认的无理要求，否则，你应当尽量语气平缓地拒绝，以免伤害对方的感情。

2.态度真诚

的确，我们之所以拒绝对方，多半是因为我们实在无能为力，而表明难处也是为了减轻双方的心理负担，并非玩弄"技巧"来捉弄对方。因此，拒绝他人，态度一定要委婉、真诚，特别是上级对下级的拒绝、地位高者对地位低者的拒绝等，更应注意自己说话的态度，不可盛气凌人，要以同情的态度、关切的口吻讲述理由，争取他们的理解。而在交谈结束的时候，还应再次表明歉意，热情相送。

3.表达你的无奈

用真诚的陈述告诉对方，自己因为哪些原因而不能帮他，是帮不了或不便帮，而非不愿帮。

4.表达你的关心

为此,你需要向对方传递一个信息——"你虽帮不了他,但你还是为他遇到的问题感觉着急,并在内心里希望他能解决这个问题",而非"事不关己,高高挂起"之意。

5.如果可以,尽量为对方提供一些建议或者解决问题的方法

对于一些你自己帮不了,你可以站在对方的角度,围绕问题本身帮他找解决办法,并给出你的建议供他参考。对方在没能得到你的亲自帮助的前提下,同样会对你心生感激之情,至少不会怀疑你对他的情谊。

的确,当我们对别人有所要求,或者与人沟通的时候,如果对方都能爽快地答应,我们必定心生欢喜;如果对方一再刁难,这个不行,那个不好,我们一定会感到此人不好合作,不通人情。为此,拒绝他人时,还可以从"情"入手,人类都是情感动物,如果你能把拒绝的理由也说得有情有义,那么,不仅可以成功拒绝他人,甚至还可以帮你赢得友谊。

暗示法接话,让对方知难而退

在口语交际中,善于拒绝者,既能使自己掌握主动,进退自如,又能给对方留足"面子",搭好台阶,使交际双方都

免受尴尬之苦。即使他人的要求是无理的，这一方法也是通用的。

张小姐从事的是奢侈品销售的工作，因为外貌出众，平时也总有些客户也向她伸出"橄榄枝"，其中就有位客户对她欣赏已久。

一天，客户又来到张小姐的公司，对她纠缠不休，因为该客户是店里的VIP，所以张小姐不敢得罪他。

她灵机一动，笑吟吟地对客户说："王总，要不待会儿我们三个人去拳击馆玩玩吧。"客户一愣："拳击馆？我、你还有谁啊？"王小姐神秘地说："我男朋友啊，他可是去年的业余拳击比赛冠军呢，而且是个喝酒外行、喝醋内行的家伙。"客户一听，愣了，说："那你们去玩吧，我今天还有事。"说完，就灰溜溜地走了。

张小姐利用幽默，既委婉地拒绝了客户的骚扰，又保住了客户的面子和自己的尊严，试想，如果她当时严词拒绝或者委曲求全，结果都不会太好。她用幽默显示了自己的态度和智慧，同时软中带硬，让客户知难而退，达到了避免其再来纠缠的目的。

在现实生活当中，在要拒绝他人、对他人提出异议时，就

接话的技巧

有必要采取这样一种心理策略。

此外,在生活中,特别是女性朋友,经常会遇到不喜欢的人的求爱。既然对男方没有好感,自然是要拒绝的。不过,一定要选择正确的拒绝方式,以免让追求者下不了台。毕竟,喜欢一个人并不是谁的错,虽然做不成恋人,但是成为好朋友还是有可能的。

小刘是一位十分漂亮的姑娘,周围经常有很多的追求者,她对这些追求者都没有兴趣,当面对一些男子的求爱时,她都婉言表示拒绝。

比如,她在拒绝一个小伙子的追求时这样说道:"我听朋友们说你的人品很好,既能孝顺老人,对朋友也是十分热心,通过这些日子和你的接触,证明他们所言不虚。能够跟您成为朋友,我感到非常开心。如果我们能早一点认识就好了,哪怕是早上那么一个星期呢,我们的关系都可以继续发展,而且不是一般朋友的关系。您是一位聪明的人,是善解人意的。我知道在我说这句话的时候您内心里也有着很大的遗憾和说不出的苦衷,请您一定要体谅我现在的处境,让我们永远做好朋友吧!"把话说到了这个份上,那个小伙子就很知趣地不再纠缠她了,并且对她的善解人意钦佩不已。

总之，直接拒绝别人的话总是不好说出口，但拒绝的话又经常不得不说出口。这时不妨用暗示法来接话，减弱对方遭到拒绝时的不愉快感，对方既能接受，也不伤和气，更不至于令对方难堪、丢脸。

面对小人的请求，可在接话时运用拖延法拒绝

现代社会，人和人的竞争越来越激烈，在这样的大环境下，并不是每个人都愿意采取公平竞争的方式。在我们身边，总有那么一些人，在与人交往的时候，心怀鬼胎、作风不正、行事诡诈，会对那些有损他们利益的人耍点手段，让人防不胜防，对于这样的人，我们做不到处处提防，但可以退避三舍。然而，当这些人直接求你为他办事时，你该怎么接话呢？

对于小人的请求，你不可采取激烈的直接拒绝法，虽然我们内心对小人深恶痛绝，恨不得与之划清界限，远远避开。但是，对于那些死缠烂打的小人而言，一味地躲避并不是明智之举，与其发生激烈的争执，那更是下下之策。本来，小人的心胸就比较狭窄，他们的心思更是猜不透，如果你直接拒绝，或者以不屑的态度拒绝其要求，那估计就在那一刻，他已经将你划分为敌人，并将你列为自己的报复对象。

不得不说,那些小人是很会耍手段的,因而他们向上发展的机会是有的,而且有可能会成为领导身边的红人。纵观历史,诸如魏忠贤一类的小人,都曾有过名利双收的时刻。试想,如果你曾拒绝过的小人,有朝一日爬到了你的头上,那你将会成为第一个被他打击的对象。所以,对于那些死缠烂打的小人,你不能直接拒绝,更不能与之产生矛盾,而是需要利用时间拖延来进行拒绝。拒绝小人,最智慧的方式就是用时间拖延。

杨慧是一名部门主管,当初公司把她调到这个部门的时候,她就不太乐意,因为她早有耳闻,这个部门有不少下属不好应付,其中就包括秘书小林。前任主管就是被这几个人使阴招赶走的。但既然公司已经下达了指令,杨慧只好硬着头皮上了,她也有志于改善部门状况。

刚报到的第一天,秘书小林就对杨慧说:"主管,我之前没有做过这类的报表,你帮我做一下吧。"

听到这话,杨慧觉得很诧异,做报表在公司一直都是秘书的本职工作,小林的请求实在是太过分了,她很生气,但一想到,要是直接拒绝,很可能自己也有前任主管同样的命运。因此,想了想之后,她对小林说:"不好意思啊,今天我刚来,事情太多了,等忙完这周,你再把数据表拿来。"

一听到杨慧这么说,小林心想,这份报表周五前必须要交到公司财务部,哪里还等得到下周?于是,她只好自己去处理了。

这招果然奏效,后来,杨慧用同样的方法摆平了很多心有不轨的下属的请求。

案例中主管杨慧的这招拒绝方法很值得我们学习,尤其是在应对那些小人的时候。对于他们的请求,不能直接拒绝,而应该采取时间拖延法与之周旋。

有句话叫作"宁可得罪君子,不要得罪小人",因为小人的言行举止是不受道德规范约束的,他们做什么事情都是不讲游戏规则的。即便是君子也不愿意与小人斗,更别说我们了。习惯于死缠烂打的小人从来不讲信用,不重承诺,从来不按游戏规则出牌,他们往往为了达到目的而不惜一切手段。

所以,生活在与小人相处的时候,你千万不能掉以轻心,哪怕是对方提出的要求,你也不要直言拒绝,而是表现出自己应有的"尊重",尽量以时间拖延,让小人慢慢接受被拒绝的过程。

第 7 章

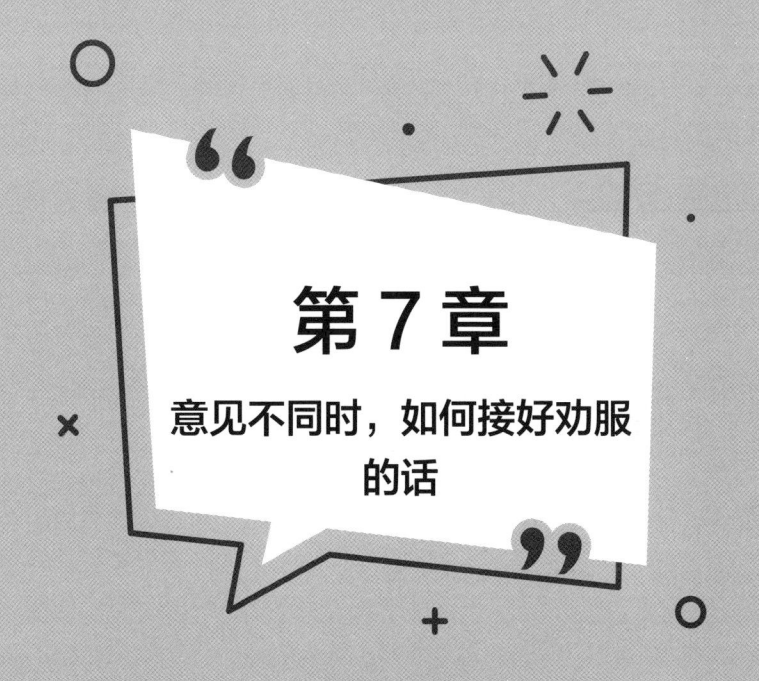

意见不同时，如何接好劝服的话

现代社会中，无论你从事什么职业，你都需要与人合作，单打独斗不可能真正成功。在这样的情况下，你很多时候，你都需要别人接受你的想法、观点，然后与你共同采取一致的行动，这就需要具备说服他人的本领。事实上，那些深谙接话技巧的人都有说服他人的本领，因为他们明白真正的说服是要贴合他人心理的，我们也只有做到恰逢时机、恰到好处地接话，且把话说到对方心坎里，才有可能实现成功说服的目的。

接话的技巧

别着急接话，听完再开口

生活中，我们强调口才在说服过程中的重要作用，但要想达到良好的说服效果，只滔滔不绝地表明自己的观点和立场是不够的，因为真正的沟通是双向的，不仅需要我们表达，还需要我们懂得倾听，这个看似小小的细节问题，却能体现我们的涵养如何，也能表明我们是否有诚心。

正如没人认为自己不会说话一样，几乎没有人认为自己不会听。可事实上，大多数人并不懂得有效倾听。某种意义上，交流有效与否往往更取决于听者而非说者，反过来说，失败的交流往往源自听者的疏忽。

肖路是一名保险公司的业务员，最近，他通过调查，某大公司董事长张先生在市郊购买了一套别墅，还没有上保险。这天，肖路来张先生家推销保险。可是，却遇到了这样的事情：

张先生有个七岁的儿子，很调皮，父母出门后，让他在家看电视，可是张先生夫妻回来的时候，却发现小家伙不见了，这可吓坏了张先生和他太太。于是开始分头去寻找。他们还报

第7章
意见不同时，如何接好劝服的话

了警，郊区本来就很大，找个小孩更是很难，警察和周围的一些居民也开始帮忙寻找。

肖路看到这一幕，认为这正是推销人身和财产保险的时候，于是他凑到张先生跟前，开始推销他的保险，当时张先生很生气，没好气地说："拜托，等我把儿子找到再说好吗？"

谁知，肖路很不识时务，不但没有帮助张先生找孩子，反倒继续喋喋不休地大谈保险的种种好处。这下可把张先生气坏了，他太太更是生气，张先生忍无可忍地对肖路大吼："你如果肯帮忙把我儿子找回来，那么保险业务的事情咱们日后找个时间再谈。但是，我警告你，你现在要是再跟我提什么保险业务，就请你先滚出去！"推销员肖路被客户张先生说得面红耳赤，夹着公文包灰溜溜地走了。

事后找到儿子的张先生越想越生气，甚至开始痛恨这个根本不关心别人安危，只知道推销保险的肖路。当他打听到肖路的底细后，他跟很多经理和老板打了招呼，绝不买肖路推销的保险，由于张先生在商界有一定的名声，这下肖路的业务就可想而知了。

故事中的保险推销员肖路在销售行业有如此结果，是因为他太急于求成：即便在错误的时机下，他依然喋喋不休地推销自己的保险产品。如果销售员肖路能先不着急推销，先帮客户找到儿子，那么，客户一定心存感激，事后再商量保险的事，说不定结果会大大不同。

同样，说服他人，我们也要懂得把话语权交给对方，因为沟通是双向的。我们并不是单纯地向别人灌输自己的思想，我们还应该学会积极地倾听。倾听的能力是一种艺术，也是一种技巧。倾听需要专心，每个人都可以通过耐心和练习来发展这项能力。倾听是了解别人的重要途径，为了获得良好的效果，我们有必要了解一下倾听的艺术：

1.要有耐心

人们在表达的时候，可能会出现两种情况：一是别人的谈话在通常情况下都是与心情有关的事情，因而一般可能会比较零散或混乱，观点不是那么突出或逻辑性不太强，要鼓励对方把话说完，自然就能听懂全部的意思了。否则，容易自以为是地去发表意见，可能会产生更加不好的效果。二是别人对事物的观点和看法有可能是你无法接受的，你可以不同意，但应试着去理解别人的心情和情绪。一定要耐心把话听完，才能达到倾听的目的。

2.要表示出诚意

真正的倾听不只是带着一双耳朵听，而是需要用心听的，也就是说，如果你真的没有时间和精力，你可以客气地向对方提出来，这比你勉强去听给人的感觉要好得多。听就要真心真意地听，对我们自己和对他人都是很有好处的。安排好自己的时间而去听他人谈话是一件很值得的事情。

3.要避免不良习惯

开小差，随意打断别人的谈话，或借机把谈话主题引到自己的事情上，一心二用，任意地加入自己的观点做出评论和表态等，都是很不尊重对方的表现，比不听别人谈话产生的效果更加恶劣，一定要避免。

一个说服能力强的人，必须具有敏锐的观察力，能深刻地认识事物。只有这样，接话才能一针见血，对准他人的胃口，达到成功说服的目的。

比起口才，接话的态度更重要

我们都知道，人们之间的交往交流离不开语言，沟通中要想达到预期的目的和结果，很大程度上取决于运用语言的艺术。孔子说："文质彬彬，然后君子。"说话人人都会，但语言有文粗雅俗之分。具备文明修养的我们，要想成功说服他人，就要在语言交流中彰显自己的谈吐，表现自己谦和之态度。相反，那些说话夸夸其谈、目中无人者是令人讨厌的，为此，我们可以说，要说服他人，开口接话时就要展现诚恳的态度。

接话的技巧

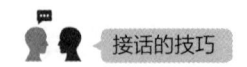

一天，某公司售后客服小王刚上班就接到了客户的抱怨电话，电话那头的张总一腔怒气。

"当初我真是瞎了眼，买了你们的机器，一大早，机器就不转，这是怎么回事？真搞不懂你们是怎么弄的，修了一次还没修好？"

小王听完以后，深呼吸了一口气，用清晰明朗的语气对客户说：

"张总，您好，实在抱歉！这台机器的问题真的让您费心了。您放心，我会马上处理这事，我们将以最快的速度给您送过去一台备用机先用着，不耽误您正常的产品生产，有问题的机器我们马上拉回来维修，并再详细检查一遍。"

听到这里，张总的怒气也没有那么重了："好吧，请尽快！"

这则案例中，我们发现，客户张总从刚开的怒气冲冲到怒意消除，最主要的原因在于销售员小王能以正确的态度、爽朗的声音和有力的解决方式加以回应。在处理客户抱怨的问题上，销售员的口语表达至关重要。销售员的说话方式可以影响甚至是控制客户，并且也是处理客户抱怨的利剑，从而使客户更加相信销售员。

心理学研究表明：情感引导行动。积极的情感，比如谦和、大度等往往能产生理解、接纳、合作的行为效果；而消极的情感，如傲慢、无礼等，则会带来排斥和拒绝。所以，若是你想要人们相信你是对的、接纳你的说服，那么，你就首先要以礼待人，让对方感受到你积极的情感。

那么，我们该如何在言语间让对方感受到我们谦逊、诚恳的态度呢？

1.让你的微笑活泼一点

实际上，生活中的每个人生来都会微笑，但随着年龄的增长，随着生活压力的来临，我们逐渐忘记了这一本能。事实上，如果你能笑一笑，并让你的微笑活泼一点，那么，别人就会被你的真诚和快乐感染。因此，你不妨：当你接受过别人的帮助后，你应该面带微笑地对他说声"谢谢"；当清晨的第一缕阳光照在你身上的时候，不妨对你的爱人说声"早安"；当你的同事升职后，你应该发自内心地祝福他"恭喜你"。一旦你的言辞能自然而然地渗入真诚的情感，你就拥有了引人注意的能力了。

2.不可傲慢无礼

那些说话夸夸其谈、目中无人者是令人讨厌的，为此，我们要做到态度自然、和蔼。

3.注意你声音的大小

与人交谈时，不要认为高声谈笑就是真实自然的表现，声音分贝过大,不仅会影响到别人,让别人觉得刺耳,还是一种无礼的表现,因此,说话应轻声轻语,声音大小以对方听清为宜。

4.不要卖弄你的口才

即使遇到意见不合的问题,也不可高声辩论,不要当面指责,更不要冷嘲热讽,甚至恶语伤人,而应语气委婉,各抒己见,尽量说服对方或求同存异。

5.不要打断别人的讲话

别人讲话时,话题突然被打断,会让对方产生不满或怀疑的心理。认为你不识时务,水平低,见识浅;认为你讨厌、反感这类话题;认为你不尊重人,没有修养。

6.不要顾此失彼

在和多人交谈时,千万不要只关注一个人而冷落了其他人。最好是用一个话题唤起大家的兴趣,让每个人都发表自己的意见。

当然,语言谦和也要把握好度的问题,说话只是表达思想,说明事情,没有必要靠语言来乞讨怜悯或掠取威严,你不必害怕别人不高兴,极力表现出毕恭毕敬的样子,唯唯诺诺、点头哈腰,堆砌一大套客套话,这只会被人瞧不起,而盛气凌人、出口伤人,摆出一副傲慢的姿态,会令人敬而远之,或觉得这人不知天高地厚,浅薄至极。正确的方法是不卑不亢、客气大方、讲究实在、有理有节。

总之，劝服他人的过程中，若我们一开口接话就能做到以诚待人，真诚帮助他人，可以使不认识的人对自己微笑，可以消除他人的疑虑、冷漠、拒绝，换取他人对自己的信任和好感。

接话后先肯定对方，别急着反驳

我们与人沟通，都希望对方能接受我们的观念，但很多情况下，人们常常会各执己见、互不相让，这就造成了矛盾、冲突。而我们要想成功说服对方，就要先进入对方的内心世界，如果一开始就针锋相对，对方就会产生逆反心理，我们也很难达到说服的目的。所以我们在反驳他人之前，最好在接话后就先肯定对方，打消对方的逆反心理，才能真正让对方接受你的观点。

然而，事实上，人们往往都很喜欢争论，特别是在聊天的时候，不论大事小事，为了说服对方，都喜欢争辩一番。从某种意义上说，争论是人的一种天性。因为思想、认识的不同，其中一方为了说服另一方，就会发生争论，而这也正是人们认识的一个误区，他们认为，只有争论才能说服别人。人又都喜欢显示自己的聪明，在争论中击败对方，就是一种难得的精神享受。事实上，人们更愿意在愉快和谐的过程中接受他人的意见，而这也是很多人不能成功说服别人的一个原因。

某保健用品公司的销售员正在和客户沟通保健仪器的事：

销售员："先生，您好，我是××保健仪器公司的销售员，您看，这是我们公司新研制的保健仪器，目前刚刚投入市场，非常受欢迎。它对腰椎、颈椎、和肩膀都有很好的保健功效，特别适合有颈椎病的患者使用……"

客户："请你等一下，你是哪个公司的？"

销售员："我是××保健仪器公司的。您以前一定接触过吧？"

客户："听说过，没敢接触过。你们的产品谁敢接触啊！"

销售员："您这话是什么意思？"

客户："听说你们的产品经常出现质量问题，还出过一些事故呢。而且，听你的介绍，价格也不便宜，我可不买这样的产品。"

销售员："谁说的，我们的产品从来没有出现过质量问题，我们的产品还出口呢，怎么可能有问题，真是的！"

客户："谁不说自己的'瓜'甜，质量再差的产品在你们嘴里也能成为优质产品。你们的产品我不需要。"

销售员："怎么会？您不能随便相信外面的传言啊。我们公司的产品是有质量保证的，您看这是产品质量鉴定书还有获奖的宣传册……"

客户："不用看了，用不着你来教育我，自己的产品有问题就不要到别人身上找原因。你还是走吧。"

销售员："你这个人怎么这样不讲道理，真是的。"

案例中，这位销售员犯的最大的错误就在于直接反驳客户，与客户发生争执。假如他能以实事求是的态度倾听，用婉转迂回的方式沟通，销售结局恐怕大相径庭。的确，对于客户的异议，若销售员直接否定客户，就如同用一把大刀将销售工作拦腰截断。一旦对客户直接反驳，销售工作就很难再开展下去，销售员再多的努力也将无济于事。

此时，我们一定要注意自己的态度，一方面要承认同类产品便宜；另一方面也要为自己的产品贵做好解释工作，让顾客看到你的专业素质，并让顾客在"鱼"与"熊掌"之间做出明智的抉择。

可见，使用先肯定后否定的迂回战术，对于说服他人有奇效。心理学的研究指出，轻易地说出"不"字，容易造成谈话双方情绪的对立。一个否定的反应是最难克服的障碍。那么，劝人的过程中，我们该使用什么样的战术呢？

对此，美国著名学者霍华曾经提出让别人说"是"的30条指南，现在摘录下来10条，供说服者们参考：

（1）要照顾对方的情绪。

（2）要以充满信心的态度去说服对方。

（3）找出引起对方注目的话题，并使他继续注目。

（4）切忌以高压的手段强迫对方。

（5）直率地说出自己的希望。

（6）尽量以简单明了的方式说明你的要求。

（7）要表现出亲切的态度。

（8）要让对方证明，为什么赞成你是最好的决定。

（9）让对方了解你，并非是"取"，而是在"给"。

（10）让对方知道，你只要在他身旁，便觉得很快乐。

可见，说服别人，是讨论而非争论，和谐地讨论更能让对方信服你的观点；而与对方争论，就会让对方从心理上产生一种敌意，无论你怎样说，对方心里都会有抵触情绪，在这种情况下，想要说服他人是很难的。

观察对方情绪，看准时机再接话

生活中，我们每个人都希望自己拥有能说服他人的好口

第7章 意见不同时，如何接好劝服的话

才，但说服能力强有个重要的标准，那就是说出对他人胃口的话，包括什么时候开口，什么时候闭口，开口该说什么，不该说什么等。可见，口才重要的不在于说"多少"，而在于是否说得"巧"。那些深谙接话技巧的人，都有个共同的特点，那就是善于察言观色，并懂得见缝插针，能观察对方的情绪，然后看准时机再接话，并能说出让对方乐于接受的话，进而轻松达成自己的说服目的。

小陈是某化妆品公司新来的员工，虽然她才入职不久，但因为她曾学习过一些销售心理方面的知识，所以在推销产品的过程中，她总是能游刃有余。

有一次，店内来了一位中年女士。

客户进店后，小陈并没有跟在对方后面不停地介绍，而是把主动权交给了客户，自己站在一旁观看。后来，客户终于停下了脚步，对柜台上的某件产品很感兴趣，拿着一套化妆品翻来覆去地看。小陈非常高兴，觉得眼前这位小姐一定是个准客户。但她还是不动声色，在一旁观看客户的脸色和神情。

果然，过了几秒后，顾客抬起头，好像在寻求销售人员的帮助。此时，小陈才走过去，为客户介绍化妆品的优势和特点。

"这个产品我用过，很不错，帮我包起来吧。"这是这位

女士的结论。最终,她买下了这套化妆品。

事后,同事问小陈:"店里来了客人,我看你也并不热心,怎么就这么轻松地搞定客人了呢?"

"一般来说,这般年纪的女士,对化妆品都很了解,我不必喋喋不休地介绍,这样,反倒招致客户的反感,你们也听见了,她说她用过那款产品。另外,我站在一旁,并不是不关心客户,而是在观察,客户由低头审视产品到抬头,说明她已经产生了心理的变化,她在寻求帮助,我这时候再出现,不是恰逢时机吗?"听完小陈的这番陈述,同事们一个个佩服得五体投地。

我们发现,案例中的化妆品销售员小陈是个聪明的人,她并没有花费过多的精力,就轻松地搞定了客户,这是因为她懂得观察和见缝插针,在关键时刻才站出来为客户解说产品。而相反,一些销售员无时无刻不在发挥自己的口才,但似乎并不见有多少成交。这是因为他们只顾从自己的角度介绍产品、发挥自己的口才,而没有观察客户,说出客户真正想听的话。拿化妆品而言,你的产品即使再好,如果不能解决客户存在的皮肤问题,那么,即使你说得天花乱坠,也不能说服客户购买。可见,如果一个销售员懂得有的放矢地说话,即使辞藻不多,也能说得客户心服口服。

同样，说服过程中，精于口才者，最擅长察言观色。很会接话的人，无论在自己说话的时候，或是在对方说话的时候，他们的眼睛总是随时地留意着对方的面部表情、眼神、姿态及身体各部分的细节变动。随时判断谈话的状态、对方的心态、表达的意思等，然后将自己的观点、看法得体地说出来。

为此，你需要把握两点原则：

1.选对开口的时机

在社交场合或工作联系时，说服应选择适当的时间，当对方无兴趣、无要求、心情不好，或正在休息、用餐、忙于处理事务时，切忌去打扰，以免尴尬。

2.把握交谈对象的心境和现场气氛

你的说服不可太过冗长，有时候只需要简短的一两句话，因为吸引别人的也许正是开篇的某个亮点。同时，我们在说服的时候，要避免谈论会让人讨厌的话题，不要一个人一直发表高见，也要学习倾听别人说话。解读现场的气氛，看准时机再发言。

总之，说服是一门学问。说服他人的每一句话都要说到对方心里去，散发出你的交际品质，让对方觉得你是一个有个人风格的人，对你产生良好的印象，也就成功达到了说服的目的。

接话的技巧

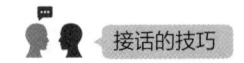

巧妙过渡，别在一开始就表明你的接话目的

很多时候，我们的目的是说服别人，但对方也会心存一定的防备心，直截了当、一开始接话时就表明我们的说服目的，对方很可能拒绝我们。此时，要想攻破这层堡垒，我们可以先不提自己的说服主题，先从家常式的谈话开始，层层剥离，让对方在不知不觉中接受和认同我们的价值体系和理念。

有一对中年夫妻，丈夫很爱妻子，每年妻子生日都会买鲜花、巧克力或香水，但今年妻子希望能收到一枚精致的钻戒。

这天，等丈夫回家后，她直接对丈夫说："过几天就是我生日了，我想要一枚钻戒，你送我行吗？"

"什么？"丈夫很吃惊地问她。

接着，这位太太说："每年的礼物都是那些花啊、巧克力啊什么的，很快就没了，我就想要一枚钻戒，钻戒是永恒的呀。"

"鲜花和巧克力才浪漫嘛，而钻戒，什么时候买都可以。"

"可是，我现在就想要一枚钻戒，你看我朋友张太太、邻居吴太太手上都戴了钻戒，就我没有，就我没人爱……"最后，夫妻俩因为一个小小的生日礼物而吵了起来。

第 7 章
意见不同时，如何接好劝服的话

还有一个与之相似的故事，可以与上面那个故事形成鲜明的对比：

有一对中年夫妻，夫妻恩爱，妻子是个情商极高的人。

这天丈夫下班后，她对丈夫说："亲爱的，今年我过生日就别再送我礼物了，好不好？"

丈夫很吃惊地问她："为什么？肯定要送的。"

她没有说具体原因，反而继续说："明年也不要送了。"

听完这话，丈夫更奇怪了。那位太太接着说："我想把每年你送我礼物的钱存起来，积少成多。"然后这位太太羞怯地对丈夫说："我想让你送我一枚小钻戒……"

丈夫说："噢！原来是这样啊！"她的丈夫在她的生日当天给她买了一枚大大的钻戒。

在以上两个例子中，后面例子中的这位太太更懂如何让爱人答应自己的要求。

我们先来看第一位妻子，她着实不大懂得说话，一开始，她就否定了之前丈夫送的礼物，谁也不想被否定，她的丈夫肯定会为此而感到不悦。接着，她又拿自己与其他人比较，称自己"没人爱"，这不但大大地伤害了她丈夫的自尊心，更否定了彼此的爱。当然，即使最后她的丈夫在一气之下给她买了钻戒，这样硬讨的礼物，就算拿到，又有什么意思？她已经给丈夫留下了不好的印象！

至于第二例中的那位太太，同样是希望得到一枚钻戒，但她的做法就聪明多了。她没有直接提出自己的想法，而是反着来，先说不要礼物，最后才把真正的目的说出来。她称自己现在不要礼物是为了存钱，希望到后年拥有钻戒这一礼物，这样，她的丈夫当然会提前满足自己太太的愿望，这是多么美好的事。这可谓是高超的说服之术。

可见，如果我们想说服他人，最好在接话时懂得曲线救国，先从一些简单的认同开始，当对方消除防备心之后，再让对方一点点认可你的观点，效果可能完全不一样。为此，我们可以这样做：

1.得体的形象会让对方对你留下良好的第一印象

在和对方正式见面时，一定要穿着整齐干净，交流的时候不要太强势，要有很好的亲和力。让对方在轻松自如的环境中和你交流。也许对方会抵触你的说服话题，但不要让他抵触和你交流，所以，给对方留下良好的第一印象是我们成功说服对方的前提。

2.先不提说服目的，向对方提出一个令其无法拒绝的要求

这里，我们还是以销售为例，很多客户对销售人员有很强的戒备心理，所以看到销售员的时候，态度非常冷漠，甚至

是敌视。这时候，聪明的你不妨先抛弃自己的销售员身份，以一个普通人的身份提出一个人性化的要求。比如上个厕所，或者是喝杯水，要么问个地址。这些最起码的人性化的要求，一般人都不会拒绝。你的客户自然也不会拒绝你简单的要求。因为对方觉得即使满足你这样的要求，也不会影响到他。往往在满足这些人性化的要求的时候，销售员要抓紧机会和客户套近乎，从而提出更进一步的要求。

3.淡化利益观念

我们可以不和对方提说服的目的，只是聊家常，这样，对方认可你这个人之后，自然愿意主动接纳你的观点。在消除芥蒂和化解误会后，双方之间达成一致观点也就是水到渠成的事。

4.层层递进，让对方接纳你的观点

也许你在做了很多工作后，对方还是不接纳你的观点，此时你不可焦躁、把自己的观点强加到对方身上，你要层层递进，慢慢地接触对方的内心，不要急于求成。避免引起对方的反感，和对方发生对抗。

所以，我们要明白一点，想要说服别人，一蹴而就是不现实的，需要我们做足心理准备、逐步打消对方的顾虑，进而认可和接纳我们。

接话的技巧

接话时主动说出对方心里的疑虑，能打消其戒备心

我们都知道，很多时候，我们的说服工作之所以出现障碍，是因为对方心存不安，对我们的话有疑虑，如果不采取积极的措施打消对方的不安感，那么，最终对方会拒绝我们。事实上，对方出现疑虑是出自一种十分正常的自我保护与防卫心理。比如，一些销售人员为了说服客户购买，会吹嘘产品的功效、并不会提及产品的不足等。其实，假如我们能在接话后就主动说出对方心里的疑虑，可以显示出我们的真诚，打消对方的戒备心之后，我们与对方的谈话才能有进展。

小徐是一名供暖设备公司的业务员。

一次，他要将一批供暖设备推销给某酒店，客户对他的产品很感兴趣，但到最后，却并没有如预料中那样顺利地成交。小徐知道问题出在了价格上，于是，他主动提出："王总，我明白，可能您觉得我们的产品贵了些，这一点，我也承认，但在刚才我给您演示产品的过程中，您也看到了，我们的设备完全是一套节能环保设备，甚至可以变废为宝，这是其他任何供暖设备都不能做到的，也会为贵酒店带来很多可观的收益……"小徐说完后，对方连连点头，最后顺利签了约。

这一案例中，销售员小徐之所以能成功说服客户购买，就在于他能在客户提出价格异议前，主动告诉客户产品"贵"的原因。这样，客户就会打消"购买产品会吃亏"的疑虑，自然会选择购买。

而现实中，我们可能经常对一些销售前辈们的做法感到不解：为什么他们会主动向客户透露一些产品的缺点？这样做不等于赶走生意吗？其实，并非如此，这些销售前辈们的做法是正确的。因为，任何一个客户都明白，没有产品是完美无缺的，如果我们一味地只提产品的优势，而掩盖产品的不足，反而会引起客户的更多疑虑甚至反感。"不打自招"则会打消客户的疑虑。

所以，每一个销售员都应该明白：诚信是维持友好客户关系的根本，只有以诚实的态度和恳切的心情去与客户打交道，才能拥有更多客户，销售工作才能更好地进行下去。

那么对于说服过程而言，我们该怎样先人一步，先说出对方内心的忧虑呢？

1.理解对方的不安感，表达同理心

同理心就是要站在对方的立场，从对方的角度出发来考虑问题。表达同理心的方法有以下几种：

（1）同意对方的需求是正确的。

（2）陈述该需求对其他人一样重要。

（3）表明该需求未能满足所带来的后果。

（4）表明你能体会到对方目前的感受。

当然，说服过程中，我们在表达同理心时注意：不要太急于表达，更重要的是一定要站在对方的立场上去表达同理心，以免让对方以为你是在故意讨好他。

2.主动提供积极正面的信息，有助于化解对方顾虑。

我们要想消除对方的戒备心，让其最终接受我们的意见，最有效的方法是说"实话"，但我们一定要用恰当的方式、把有利于自己的信息传递给对方，让对方觉得听从你的意见是一个正确的决定，这样，可谓一举两得。

当然，整个说服过程中，当对方存有戒备心时，我们一定要有耐心，要用真诚拉近与对方之间的距离，对方才会逐步信任你。

等待时机，条件成熟时再接话阐明观点

中国有句俗语："最后的赢家才是真正的赢家，要笑就要笑到最后。"这句话一点也不假。同样，与人沟通，要想真正说服对方，就要懂得看时机，在关键时刻再接话阐明观点，才能出奇制胜，让对方心服口服。

第 7 章
意见不同时,如何接好劝服的话

孔子在《论语·季氏》里说:"言未及之而言谓之躁,言及之而不言谓之隐,未见颜色而言谓之瞽。"这句话包含三个层面的含义:第一指的是在不该说话的时候管不住自己的嘴;第二指的是在该说话的时候却低头不语;第三指的是不看具体的语言环境乱说话。

以上三种说话的毛病都是人们在沟通中经常出现的,归根结底是因为没有掌握接话的时机、没有注意说话的对象和接话的技巧。为什么需要注意这些呢?因为沟通不是单方面的活动,而是互相的,不能只考虑到自己而忽视了对方。如果该说的时候不说,那么,你很可能立即就失去了接话的机会;如果你不注意对方的心情,那么,你可能会说错话;如果你抢着接话,那么,对方会认为你不尊重他,甚至会引发对方的反感。

我们先来看看下面的一段销售对话:

销售员:"你好,李小姐,我是平安保险的高级顾问,你的奖品需要投保吗?不知道您周末可有时间,我给您送保单过去好吗?"

客户:"你是谁?我的奖品?你怎么知道我的电话?"

销售员:"您的电话是我们公司内部数据库中的。有您联系方式的人一定很多。15 分钟的时间就行,您看可以吗?"

客户:"什么奖品啊,到底是谁给你的电话?对不起,我很忙！"李小姐就这样挂断了电话。

案例中的销售员犯的一大错误就是直入主题而没有创造机会，这会给对方一种感觉，"我凭什么跟你做生意？我凭什么信任你"。客户会有疑问，"为什么要给你两分钟？陌生人打我电话有什么好的事情"。好的开场白就是成功的一半。只有先展开谈话，才有机会切入主题。

同样，生活中，我们在与人交谈的时候，也要选择合适的阐述观点的时机，阐述观点的时候，有理有据，同样能起到成功交谈的效果。对此，你需要做到：

1.选择对方心情愉悦的时候表达观点

人在情绪不佳、心情忧郁等低落状态下，较之平常更容易悲观失望、思维迟钝且惰于思考，情感波动大并易产生过激行为。因此，千万不要在对方情绪不佳时说服。同时，这也启示我们，在对方心绪高涨、比较兴奋时提出建议则会取得更好的效果。

2.用事实说话

若你希望对方接受你的观点、意见，就要用事实说话，事实充分就使你言重如山。"百闻不如一见"，事实胜于雄辩。要想使你的观点深入人心，就要善于运用事实造势。运用这种方法就是唯实、唯事，尊重客观事实，用事实说话。运用事实进行说服最能打动人心，最能使人信服。如果从心理学的角度来分析，人们的心理趋向是求真、求实。只有真实的东西，才是最可信的。

3.把握时机，在事情顺风顺水的时候亮出你的观点

以打牌为例，在含有技术成分的打牌中，当你的运气很差时，对手往往会察觉到并且玩得更好。他们不再把你视为一个威胁，你已经输了气势。在这时，你应该更加保守。不到关键时刻，不要亮出最有分量的牌。因为牌局随时会停止，不要太早把手里所有的牌都亮出来，因为对方也随时会出新的牌。陈述观点也是如此，在关键时刻亮出你的观点，才能让人印象深刻。

当然，要想做到让对方接受你的观点，在谈话过程中，我们还应该适时地卖卖关子，为此，你必须谨记：

（1）隐藏好自己的情绪。你要让自己的声音和身体语言听起来客观一点，不要带有太多情绪。在亮出观点前做好准备，锻炼自己的心志。

（2）话不能太多。当人们滔滔不绝时，就是给人评价的机会。长篇大论的报告，会让对方清楚你的立论根据，更容易找出你的弱点。

总之，要想把话说得恰到好处，让对方接受，最重要的一点就是把握说话时机。这个过程需要充分的耐心，也需要积极

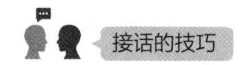

进行准备，等待条件成熟。

换位思考，更能把话说到对方心里

生活中，我们希望对方接受我们的观点的时候，是否已经习惯了从自身的角度考虑问题呢？是否已经习惯了只顾把自己的观点传达给对方？这无可厚非，但当你慷慨陈词的时候，你是否注意到交际对方情绪的变化呢？当你针锋相对反驳对方的时候，你是否发现对方的脸色由晴转阴了呢？当你一句扫兴的话给对方泼了冷水的时候，你是否发现对方已经兴致全无并有意终止交谈呢？

有个著名的心理策略——换位思考，就是完全转换到对方的角度思考，从而更理解人、宽容人，就是要求在观察处理问题、做思想工作的过程中，把自己摆放在对方的角度，对事物进行再认识、再把握，以便得到更准确的判断，这样接话后，我们说出的话才能真正说到别人的心里。

佳佳是一名中学教师，工作和生活基本上是学校和家里两点一线，下班了就回家做饭，和她不同的是，丈夫因为自己经营了一家公司，需要在客户和供应商之间周旋，常常应酬到深

第 7 章
意见不同时，如何接好劝服的话

夜才回家，对此，佳佳从没有怪丈夫不早点回家陪自己，而是担心丈夫的身体。她知道，若丈夫长此以往，以后家里经济条件肯定能更好，但身体肯定也垮了。

这天晚上，又到十二点多了，佳佳还在等丈夫回来，锅里的小米粥热了一遍又一遍。终于，她清晰地听到楼下汽车的声音，她马上出去开门，果然，丈夫东倒西歪地走了过来。佳佳气急了，对丈夫说："你有本事就别回来了嘛！"

"你这是什么话，我辛辛苦苦在外面赚钱养家，你怎么这么说？"

佳佳一听，知道自己话说重了，但她是在担心丈夫，于是，她又说："老公，你知道吗？嫁给你以来好几年了，我很幸福，但随着你现在事业越做越大，我担心的就越来越多，尤其是你每天应酬，你的胃经常痛，你的健康状况也越来越差，你是家里的顶梁柱，千万要照顾好自己的身体。"

听完妻子的话，原本还不清醒的丈夫顿时眼眶湿润了，他一把搂住佳佳，对佳佳说："老婆，对不起，让你担心了，以后能不去应酬的话，我尽量推辞，你放心吧。"

佳佳用力地点了点头。

生活中，可能很多妻子都遇到过这样的情况，你们是怎么做的？案例中妻子佳佳的做法是正确而有效的，面对应酬到半夜才回家的丈夫，她并没有多加责怪，而是从理解的角度，对丈夫说了一番动情的话，让丈夫认识到妻子对自己的关心和担心，于是，一场眼看即将开始的争吵就这样在一片温馨的氛围中停止了。

人们常规的思考问题的方式是：我们站在什么角度，就会做什么事，说什么话。而实际上，"横看成岭侧成峰，远近高低各不同"。当我们从不同的角度看待问题时，却又是另外一番光景。另外，不同的人，看待不同的事，也会有不同的观点。所谓"仁者见仁，智者见智"，有些事情并不一定是谁对或错，而是因为眼光不同，看法也就不一样。因此，如果你要做好沟通，就最好多站在对方的角度考虑，不要认为自己永远是对的。

"己所不欲，勿施于人"，其中的意思就是推己及人，设身处地为别人着想，就是从别人的角度去想问题。从这个角度出发，我们就能知道如何说话，如何把握说话的度了。

事实上，那些深谙说服和接话技巧的人，他们在与人沟通时，总是能设身处地充分考虑对方的切身利益、实际困难。因为，在此基础上进行说服，才称得上是真正的通情达理，也更令人心悦诚服。而如果丝毫不考虑对方的情感和需要，双方交谈就没有共同的语言，说服就无从谈起了。

总之，如果与人对话时我们多从沟通的角度出发，多一点将心比心的理解，多说一点善解人意的话，那么，语言表达就容易引起对方的共鸣，一种独特的亲和力也就寄寓其中了，而接下来，成功说服对方就不再困难了。

开口接话要有理有据，才能让对方心服口服

我们要想劝服他人，就要手握底牌，在开口接话时才能有理有据，才能出奇制胜，让对手心服口服。

秦末汉初农民起义中，张耳占据赵地后，号称武信君，张耳委托蒯通去范阳说服范阳令徐公投降。

蒯通在见到徐公后直接说："我乃一介草民蒯通。根据我对当前形势的分析，我认为徐公命不久矣，所以此次我是来给你吊唁的，不过，我也为你想出了一条生路，当然，前提是你要按照我说的做，从这一点看，我这次也是来恭贺你的。"

徐公说："为何你说我命不久矣呢？"

蒯通说："徐公你在范阳为官十年，为了帮助秦国治理此地，你杀人父母，让孩子成为孤儿，断人手足，比这残忍的事你也做得不少。而这些人肯定也是恨你入骨，却没有杀死你，就是因为他们忌惮于秦国的法律，你再看看现如今，已是天下

大乱，秦国的法律已经不起作用了，那些慈父孝子正在争着用利刃把你杀死。一来要化解他们对你的怨恨，二来杀你也可以得到名利。所以我蒯通知道你活不长了，因此才提前来给你吊唁。"

徐公又问："那为何你又说我有条活路呢？"

蒯通说："虽说我是一介草民，但是武安君却重用我，并采纳我的建议，我告诉他说：'打了胜仗才能得到土地，攻取之后才能得到城池，这已经是落后的战法了。不战而得地，不攻而得城，一纸公文就能搞定千里。这样的谋略你们愿意听听吗？'他们的将领都很感兴趣。我就说，'以范阳令徐公为例，他可以整顿士卒坚守城池。但是，人都是害怕死亡贪图富贵的。战到不行的时候他要投降。那时士卒都有了怨气，很可能把范阳令也给杀了。这件事必然会传出去。其他地方的官员知道范阳令先投降也被杀害了，必然要固守。这样，其他城池就不好攻打了。现在不如以隆重的礼仪迎接范阳令徐公，一直把他迎接到燕赵接壤的地方，使其他城池的官员都知道，范阳令投降得到了富贵。这样，就会争着来投降。这就是我说的一纸公文可以搞定千里。'现在你要是听我的话投降武信君，不但可以生存，而且还可以继续享受富贵。"结果蒯通说通了范阳令徐公。

故事中我们不得不佩服蒯通的口才，他之所以能成功说服徐公，在于他从正反两方面阐述了事情的利弊得失，让徐公心服口服。

其实，说服他人，就是让对方接受我们的意见的过程。如果你也能和故事中的蒯通一样，在阐述观点的时候，有理有据，那么，同样也能起到成功谈判的效果。

当然，要想做到让对手心服口服，我们在说服的过程中，还必须做好保密工作。现实生活中，一些经验尚浅的人总是重复着这种愚蠢的做法，他们不重视保密工作，随随便便分享个人信息。要知道，有些信息此刻看似无关紧要，但它的泄露在将来可能成为一个致命的错误。为此，我们也必须谨记：

1.细心观察，了解对方

你需要具备一定的观察能力。只有这样，你才能发现对手是否在试探你。否则，如果不注意观察，我们输给了别人你还蒙在鼓里。当然，说服过程中的观察，无外乎针对对方的眼神、动作及语言。

2.说话保持客观公正的态度，以隐藏好自己的目的和动机

一般来说，我们要成功说服对方，必须要探知对方的内心世界，从而攻破对方心理堡垒，但无论使用什么方法，一定不要让他知道你的企图，为此，在说话时，你要保持公正客观的态度。如果对方发现你说话时带有某些情绪色彩，那么，就很

容易被对方识破。因为一般来说，你探知对方的企图越明显，他越会觉得你"图谋不轨"，你要刻意影响他；相反，如果你无意中说一句话，假装不在意地提问，他反而会没有心理抵抗，他也不会认真地琢磨你说的话，因为他觉得你没有操纵他的意图，如果他的想法被你猜中，那么，他将会"中招"，将自己的真实意图脱口而出。

当然，你还应该在最后说话的时候尽力最大化你的优势，先观察对方的动作，尽量让对方先表态，然后根据对方的心理变化适时地调整自己的策略，并到最后一刻再接话、一举亮出自己的王牌，让对方心服口服。

学习几类实用方便的劝服技巧

现实生活中，一些人在说服他人的过程中，通常都会犯这样的错误，要么是绞尽脑汁、想方设法和对方辩论，要么一开口接话就是一副长辈的口吻去教训对方，这样无疑会把对方推到和自己对立的一方，很显然，这样的接话技巧是无法达到说服对方的目的，甚至经常起不到任何作用。其实，说服别人的方法和技巧有很多，只要我们善加运用，就能达到自己的说服目的。

第7章
意见不同时，如何接好劝服的话

晓菲与兰兰同是县城一家餐厅服务员，他们来自同一个村，自小在一起长大、感情很好，犹如亲姐妹，但两人的做人行事作风却有点差异。

一次，晓菲在收拾餐桌的时候，发现了一个手机，肯定是客人落下的，晓菲早就渴望有一部手机，于是，她想悄悄据为己有。可不巧，这被兰兰看见了，让她上交，可晓菲说："什么呀，我没拿什么手机啊。"

兰兰说："晓菲，你知道什么叫'不劳而获'吗？"

"不知道！"晓菲嘟着嘴回答。

兰兰说："你看，'不劳而获'是不经过劳动而占有劳动果实。说得确切点是占有别人的劳动果实！"

"我可不懂那么多。"晓菲有点不耐烦了。

兰兰耐心地问："你说，抢别人的东西是不是'不劳而获'。"

"是的。"

"你说，偷别人的东西是不是'不劳而获'。"

"当然是的。"

"那么，拾到别人的东西据为己有是不是'不劳而获'呢？"

"这，这……当然……"晓菲这时不知道说什么好了，吞吞吐吐地回答着。

看到晓菲已经同意了自己的观点，兰兰顺势说："其实，

接话的技巧

拾到别人的东西据为己有和偷、抢得来的东西，在'不劳而获'这一点上是相通的，除了国家法律，我们还应有一定的社会公德，再说我们来的时候，老板都为我们念了店里的工作守则，其中就有一项：拾到顾客遗失的物品要交还，我们还想在这家店长干下去呢，可不能因为这点蝇头小利丢了工作啊！自己想要手机，就要靠自己的能力挣钱买，那样用得才理直气壮哩！"

最后，晓菲主动把手机上交了。

案例中的兰兰就是个会说话的人，在她发现好朋友晓菲准备将捡来的手机据为己有的时候，并没有直接追问，让对方承认这是一种错误的行为，而是采用"敲边鼓"的方法，先提出一个看似与"偷手机事件"无关的"不劳而获"的意义，让晓菲明白什么是不劳而获，从而逐渐由大及小，步步推进，最后才切入实质性问题：拾到东西据为己有，同偷、抢一样是"不劳而获"。最后，聪明的兰兰又把问题归结到晓菲想把手机据为己的想法是不正确的，并劝说晓菲可以自己努力工作去买一部手机。兰兰的说服可谓是有理有据，晓菲自然也能接受。

而可能现实生活中，很多人遇到这种情况，会站出来告诉对方："你怎么偷人家东西呢？"这样说，虽然出于好意，但无异于打人脸，对方必定不会接受，甚至还会找借口否认。

其实，无论是出于什么目的，在探测对方真心的时候，一定要绕开关键点，因为那个点恰恰是你们冲突的焦点。如果你直奔主题，告诉对方要诚实，很容易引起对方的逆反心理，不仅让对方难以接受，还会和你对抗到底，那么，你的说服工作将会加大难度，甚至根本无法成功，而如果你从侧面引导，一步步地回到你想要了解的关键点上，若是理由充分，别人一般都能接受。

那么，说服他人的一些基本方法到底有哪些呢？

1.给他一个高尚的动机

在说服别人时，我们可以告诉他，如果他接受我们的建议的话，将会给他和他的家庭、团队带来怎样的好处、荣誉等，这样往往能引导他接受你的意见。

2.用你的热情感化他

人与人之间，尤其是陌生人之间，总是有隔阂，如果你未能消除这层隔阂，说服工作便无法开展。解决这一问题的最有效的方法是用热情感化他，使其内心受到感动，进而逐步改变自己的态度。

3.用间接委婉的方式促使他改变

运用这一说服技巧，从理论上讲，符合心理学的基本规律，从实践中看，只要运用得恰当巧妙，就能取得理想的效果。也就是说，如果你想要达到自己的说服目的，不要直奔主题,不妨运用敲边鼓的方法,当然,具体的方法也有很多,需要我们根据具体情况进行斟酌。

4.用事实依据让其彻底信服

说服若能做到有理有据,就能让听者心服口服,当然,你说的依据必须准确而真实,这样才能有说服力。在说服过程中,即便你滔滔不绝、对方连连称赞,但一旦被对方怀疑,那么,你的说服效果就会大打折扣。

总之,要说服他人,绝不能一开口接话就是说教式或者命令式的,能说服他人的技巧和方法有很多,需要我们去寻找和运用。不过,这不仅需要我们有好的口才,还需要有好的态度,耐心地引导、启发对方思考,让其自觉接受你的观点!

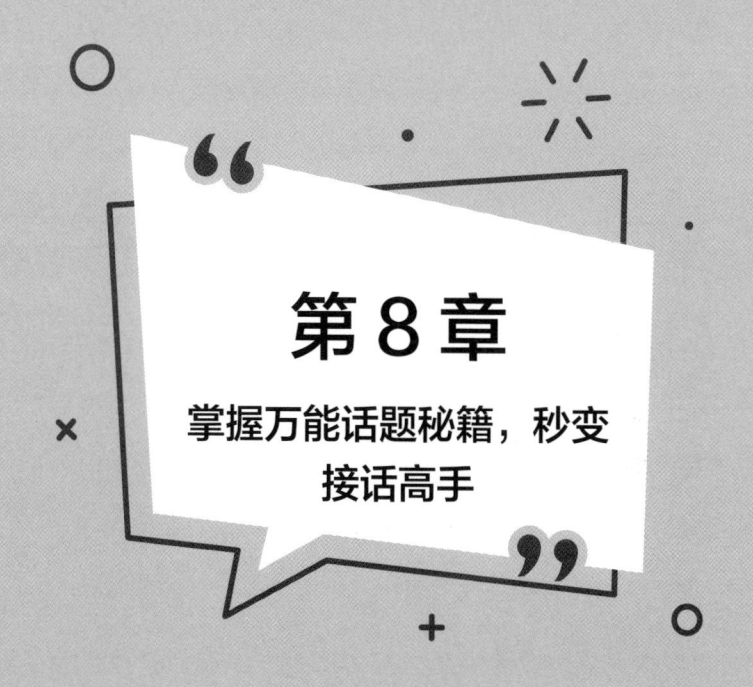

第 8 章
掌握万能话题秘籍,秒变接话高手

生活中,我们与人交谈,都希望交谈能在轻松、和谐的气氛中进行。而是否能达到良好的谈话效果,直接取决于大家交谈话题的合适与否。因为人们对于那些与自己有共同话题和兴趣的人很容易产生交流的欲望,也更愿意与之结交。因此,恰当、有趣的话题能使大家循着交谈的轨迹逐步加深感情,从而建立友谊。为此,我们有必要学习和掌握一些万能话题秘籍,巧妙运用这些话题来接话,能让我们秒变话题高手。

闲聊也有技巧，会接话令人喜欢与你亲近

日常生活中，我们与人交流感情的一个重要方式就是聊天。知己是如何来的？多半都是通过聊天聊出来的，也就是人们常说的闲聊。闲聊带有随意性，但闲聊也有技巧，天南海北地闲聊，不仅不能增进感情，还会让别人觉得无趣。

那么，闲聊有哪些技巧呢？

1.选择合适的话题

在与他人聊天时，话题的选择很重要。一旦话题不对，就难以与对方顺利聊下去，所以，寻找好的话题是顺利聊天的关键所在。

有些人认为，聊天时只有那些不平凡的事才值得谈。因此朋友见面想开口时，往往满脑子都在苦苦思索，企图找到一些怪诞、惊奇的事件或相当刺激的新闻来当话题。但实际上，我们的生活是朴实的，这类话题毕竟是少数。而且，如果我们每天与对方谈新闻，便毫无新鲜感可言。

事实上，我们都是普通人，所关心的问题也比较普通，比如，孩子大了，到哪个学校读书比较好；花卉被虫子咬了，该

用什么药；养什么宠物比较好；猪肉又涨价了等。

话题的选择最好能就地取材，依照当时所处的环境选取话题。比如，你和对方在朋友家里相遇，不妨与对方聊一聊与主人的关系："听说您和某先生是战友？"这样，无论问得对与不对，都不会引起不愉快。

除此之外，你还可以向对方了解一些他熟悉、感兴趣的问题。如果对方是销售员，你可以问他："您销售什么产品？生意好不好做？"因为这是对方熟悉的话题，所以对方很容易就能开口。如此，你们就能按这条路子聊下去，可以聊聊产品、行业前景等问题。

有个笑话说，某人以伶牙俐齿见长，有人向他请教有什么诀窍，他说："其实非常简单，就看他是什么人，对什么东西感兴趣，然后你和他谈他感兴趣的东西就可以了。比如，对方是屠夫，你就和他谈猪肉；对方是厨师，你就和他谈菜肴。"请教者又问："那如果屠夫和厨师都在场怎么谈？"他说："那我就谈红烧肉。"

虽然这是个笑话，但足以看出合适的话题对聊天的重要性。

总之，只要有了好的话题，就不愁谈不下去，也就不用担心聊天中面临无话可说的尴尬局面了。

2.用热情带动聊天气氛

如果你选择的话题与你长期的经历、追求或者爱好有关，那么你是不难打动对方的。

缺少热情的谈话和聊天无疑是枯燥乏味的，也没有人愿意迎合。比如你在与朋友聊你开车因为超速而被警察发现了。实际上，对方希望听到的不是你的轻描淡写，而是希望听到你当时的感受，希望你能说出你看着警察写罚单时的情况。你将当时的情况描述得越详细，越精彩，就越能吸引听众。

所以，在与人聊某些话题时，你的话语中有多少激情，就会激起听众的多少激情。

3.用兴趣打开交谈的突破口

与人聊天的时候，会出现一些头疼的问题，不管我们说什么，对方都表现出一副不在乎的样子。其实，这是因为，你说的话令对方不感兴趣，要想让对方打开话匣子，我们需要从对方的兴趣入手。如果可能的话，你应尽量找出对方最感兴趣的事，然后从这个方面去接近他。倘若没有机会，或这种机会不易得到，也该尽可能选择对方最大的兴趣话题去聊。我们的主要目的就是要让对方对你产生兴趣，这样才能让聊天继续下去。

某文艺编辑曾讲过一段故事。他邀请一位名作家写稿，该作家非常难合作，各报社的编辑因为他大伤脑筋。因此，这个编辑在见面前也相当紧张。

一开始果然不出所料，怎样都谈不拢。作家一味说："是吗？""也许是吧？""这我还真不清楚。"搞得这位编辑很是头痛，只好打定主意，改天再来，于是闲聊起来。

他把几天前在一本杂志上看到的有关该作家作品近况的报道搬出来，说："您的大作最近要翻译成英文，在美国出版了？"作家见对方如此关心自己，就很感兴趣地听下去。编辑又说："您的写作风格能否用英文表现出来？"作家说："就是这点令我担心……"

这位编辑在遇到这位"难对付"的作家后，开始转变了聊天的策略，抓住对方的心理，从对方感兴趣的话题入手，从而打开了交谈的突破口，令交谈继续下去。

4.不要轻易否定别人

如果你在与别人聊天或交谈时，出现了与对方相左的观点，特别是你想说服对方接受你的观点时，那么你最好不要一上来就否定对方的观点，说他的观点是错误的、荒谬的，这样你一定不会获得你想要的结果。

比如，对方在你的面前指责你一个非常熟悉的朋友："他这个人脾气太坏,那次我们一起去谈某项业务,结果与对方负责人没说三句话,就在饭店吵了起来。"你可以问他:"哦,是吗?在哪家饭店?"对方回答后,你们不妨就哪些菜比较有特色聊一聊,将话题引开。

5.避开别人的痛处

事实上,每个人都有自己的忌讳,人人都讨厌别人提及自己的忌讳。我们在与他人聊天或闲聊时,就要避开这类话题,把握分寸,不要伤害到别人的自尊心。

掌握以上聊天技巧,我们就能在接话时把话说到对方心里,并产生积极的作用,使对方会产生愉快的情绪,也就愿意与我们亲近了。

熟练掌握四大话题,和谁都能聊得开

生活中,我们与人交谈,都希望交谈氛围能轻松和谐,而话题的选择是决定交谈效果的关键,话题找对了,我们和陌生人也能结下友谊,而找得不好,会导致彼此相顾无言、尴尬至极,可见,话题在交谈中的重要性。

在印度,有个叫贝尔纳·拉迪埃的销售员,他和其他的一般销售员不同，因为他推销的是空中客车飞机。当他被分配到空中客车公司时，面临的第一项挑战就是向印度销售飞机。

这是一项很棘手且难度很大的任务，因为在这之前，印度政府已经对这笔交易进行了初审，但未被批准。能否重新寻找到成功的机会，全看销售代表的谈判本领了。

作为销售代表，拉迪埃深知肩上的重任。他稍做准备就立即飞赴新德里。接待他的是印度航空公司的主席拉尔少将。拉迪埃到印度后，见到他的谈判对手后说的第一句话是："正因为你，我才有机会在我生日这一天又回到了我的出生地，谢谢你！"

贝尔纳·拉迪埃的这句开场白是别开生面的，这个话题的选定，迅速拉近了与谈判对手的距离。这句话，虽然只有短短的几十个字，但蕴涵着丰富的内容。它表达了好几层意思：感谢主人慷慨赐予的机会，让他在自己生日这个值得纪念的日子来到贵国，而且贵国是他的出生地。而实践证明，拉迪埃的印度之行取得了成功。拉迪埃靠着娴熟的销售技巧，为空中客车公司创下了辉煌的业绩：仅在1979年，他就创纪录地销售出230架飞机，价值420亿法郎。这当中，应该说也少不了他善于"拉拢人心"的功劳。

人与人交谈，都是围绕着一个话题展开的，而我们只有

接话的技巧

积极主动选择一个双方都感兴趣的话题，交谈才得以在一个轻松、愉快的氛围中进行。一般来讲，人们在交谈中，多选择以下几个话题：

1.社会新闻

生活中，我们每个人都会对近期发生的一些新闻进行谈论，这也是闲谈的资料。若你能就此发表自己的意见和看法，那足可以把一批听众吸引在你的周围。

2.家庭问题

关于每个家庭里需要知道的各方面的知识，例如家庭教育、购物经验、夫妇之间怎样相处、亲友之间的交际应酬、家庭布置等，也会使大多数人产生兴趣。

3.坦白自己的感受

比如你参加了一个周围没有一个熟人的聚会，与其自己在角落里一个人嘀咕"我太害羞了，与这种聚会格格不入"，还不如直接告诉坐在你身边的陌生人，或许对方也正有此感受。

一次，美国作家阿迪斯与另外写过一本书的心理学家谈话。阿迪斯通常对这类的访问都能应付自如，并会从中受益，所以当他发觉自己结结巴巴，不知怎样开口时，简直大吃一惊。最后阿迪斯说："不知为什么我对你有点害怕。"结果，那位心理学家对阿迪斯这个说法产生了兴趣，随即大家就自然地聊起来了。

4.自己闹过的一些无伤大雅的笑话

比如，你可以拿买东西被骗、语言上的失误等此类的笑话来和对方分享，因为这些生活中的趣事，人们一般都爱听。在你谈论此类趣事时，可能对方也遇到过，你们之间就找到了共同的话题。另外，拿自己打趣，更体现出你的随性，平易近人。

有一次，阿迪斯听见一位太太对一个陌生的女士说："你长得真好看。"也许，我们大多数人都没有说这种话的勇气，不过我们可以说："我远远就看见你进来，我想……"或是"你正在看的那本书也是我最喜欢的。"如此，双方就能找到共同话题进行交谈了。

当然，我们也应当避免问一些令人扫兴的话题。在初次交往中，彼此都有一定的意图，所以个人生活的事情不要多谈，可能没有人愿意听你高谈阔论，诸如狗、孩子、食物和菜谱、自己的健康，以及家庭纠纷之类的事。但可以对时下的人所共知的社会现象、热点问题等谈谈看法。

总的来说，人们更愿意与人交流自己感兴趣的话题，对于那些在社交场合能兼顾大家感受而寻找共同话题的人也更容易产生好感，因此，如果你善于选择大家都能接上话的话题，相信你会很快与他们建立起稳固的友谊。

鼓励对方多说，并给发话者以积极的呼应

生活中，在与人沟通这一问题上，很多人存在这一心理误区，他们认为，说得多就是有口才的表现，同时，为了使他人接受自己的观点，他们总爱侃侃而谈，甚至口若悬河。殊不知无休止的话只会让别人反感。我们真正要做的，是尽可能多地鼓励对方说，给对方创造说话的机会，把自己变成以听为主的听众，给发话者以呼应，或赞成，助其深入；或反对，让他告诉你他认为什么是正确的，这样才是把握了话语主动权。因此，让对方多说话，并不会让我们丧失交流的机会，反而会有助我们达到沟通的目的。

曾经有一名法官，他是个善于倾听他人说话的人，在他调解的纠纷中，人们总是愿意听取他的意见。

一次，一位老作家和一家出版社因为报偿问题出现了纠纷，闹上了法庭。根据案情，法官认为调解对双方，特别是对老作家有利。因为打官司费钱又费力，个人不能与单位比。但他多次建议双方调解，都没有效果。老作家对出版社怨气很

大,但他是个法盲,开庭时只是反复就一两个问题进行阐述。旁听席上渐渐有人打起瞌睡,有人起身离去。可法官一直静静听着,不打断老作家的话。

庭审进行了3个多小时,直到双方再无话可说,法官才又向双方解释了出版合同的法律规定,指出双方在合同履行中的不当之处,并再次提出调解的建议和基本方案。

老作家听完法官的话,半晌没说话。最后,他突然表示愿意接受调解。

"法官大人,矛盾发生以后,你是第一个完完整整听完我讲话的人。"老作家诚恳地说,"你对我的尊重让我信任你,你说怎么办就怎么办。"

这则故事中,这名法官就是个善于通过倾听解决问题的人。表面上看,一直是老作家在侃侃而谈,法官一直静静地听着,但最终,老作家却因为感受到了来自法官的尊重而接受调解,这就是法官所要达到的沟通结果。

但事实上,并不是所有人都能做到和法官一样,多给他人说的机会,你只要留意一些非正式的聚会,或是聚餐,或是聊天,那些在旁边听别人讲话的人,多么迫不及待地想开口;而且一个讲完以后,旁边立刻有人急着接下去,甚至出现多人抢着说话的现象,你就可以知道人类是多么爱说话了。关于如何更好地倾听，鼓励对方多说，以把握沟通的主动权，有如下一些技巧：

1.集中注意力，用心地听

听人说话是一门大学问，有的人经常被别人说成"左耳朵进右耳朵出"，形容他听话总是记不住。其实，一般人在听别人说话的时候，基本上能记住一半的内容已经不错了。

造成效果这么差的原因有两点：一是因为听者的思考速度比说者的讲话速度快，因此有许多空闲的时间胡思乱想；二是当说者的论点与自己的观点不同时，后者就很难再听下去了。

为避免倾听效果不良，除了集中注意力用心听之外，最好的方法是：备妥纸与笔，记笔记。把谈话重点一一记下来之后，就不会忘记了。

2.发问

对方说话时，原则上不要去打断，可是适时地发问，比一味地点头称是更为有效。一个好的听者既不怕承认自己的无知，也不怕向说者发问，因为他知道这样不但会帮说者理出头绪，而且会使谈话更具体生动。

可以提些诸如"你认为这就是问题所在""你的意思是……""你能说得明白一些吗"等问题。这些提问有助于你获得更多信息，并理解问题的各个方面。

3.中立

像"嗯"和"真有意思"等中性评价性语言能表示你对谈话感兴趣，并鼓励对方继续说下去。这是最难的技巧之一，因为这要求你真正跟上对方谈话的主题。

4.重复

可用"按我的理解，你的计划是……""你是说……"及"所以你认为……"等句式。这些说法表明你在倾听，并明白对方的意思。重复的重要性在于让你尽早发现有无曲解对方的意思。

5.总结

试着用"你的主要意思是……"和"如果我的理解没错的话，你认为……"等说法。不要第一个下结论，先听他人的结论可能更有价值。

有了上述技巧，你就会发现倾听别人谈话也是其乐无穷。

总之，谈话不是演讲，不是个人表演的独角戏，而是双方交流的活动。在谈话中，只以自己为中心，好像他人都不存在似的，长久下去，必然会令人生厌。所以在与他人交谈时，给对方创造说话的机会，要比我们自己说好得多。

接话的技巧

聊对方"在行"的话题，聊再久也不累

生活中，我们不少人在几个知心朋友面前还可以侃侃而谈，但在求人办事或在陌生人面前，却因无法找出共同话题而使得交谈氛围变得尴尬甚至出现冷场的局面，最终不得不迫使交谈结束。但也有一些会说话者，他们能充分掌握语言的艺术，交谈伊始，就能顺利将交谈对方带入一个轻松愉快的交谈氛围中，从而顺利交到朋友，达成目的。其实，在交谈中，只要我们抓住交谈对方的心理，找出其"在行"的话题，那么，就能激起对方说话的欲望，在"一来一往"的发话和接话中，就能建立起友谊，让人际交往变得更加顺畅！

任何友谊都是建立在共同语言上，因此，在与人交往中，第一步要做的就是打破交谈的第一道关卡——选择正确的话题。话题的选择不能一厢情愿，因为交谈是双方的，不能只是沿着自己的思路讲下去，还要设身处地为对方想一想，看对方对什么话题感兴趣。因此，在交谈开始时你要想方设法诱导对方说话，从而探出对方的兴趣所在——对方"在行"的话题，给对方一展才华的机会，从而拉近彼此间的距离。钟子期之所以被俞伯牙当成知音，原因就在于此。

战国时期有一个人叫俞伯牙，从小就酷爱音乐，他的老师

成连曾带着他到东海的蓬莱山,领略大自然的壮美神奇,使他从中悟出了音乐的真谛。他弹起琴来,琴声优美动听,犹如高山流水一般。虽然,有许多人赞美他的琴艺,但他却认为一直没有遇到真正能听懂他琴声的人。他一直在寻觅自己的知音。

有一天他在深山老林里弹琴的时候,来了一个打柴人叫钟子期。俞伯牙一弹琴,钟子期就说:"峨峨兮若泰山。"俞伯牙心里很惊讶,因为他心里正想表现高山呢,就被听出来了。俞伯牙心想:我换一个主题,我表现流水,看你还能不能听出来。谁知,钟子期一听,又说:"洋洋兮若江河。"不管俞伯牙弹什么,钟子期都能听出音乐表现的内容。于是两个人就成了好朋友,成了知音。但是,没多久钟子期去世了,俞伯牙痛失知音,伤心到极点的时候,就把自己的琴给摔了,发誓永远不再弹琴。

从这个故事中,我们可以看出一个道理:人与人之间,要想由相遇到相知,从而建立友谊,共同话题起着主要作用,而聊对方"在行"的话题,会给对方更多的表现和表达的机会,自然会赢得好感,加深感情。

生活中,任何人,与人交际的时候,都希望自己被尊重,这是与人交谈不可忽视的一个重要原则。有些人不懂得这一点,与人交谈时候,以为只要自己能言善辩,肯定能带动说话的气氛，于是，他们天南海北地聊，却让对方觉得很无趣，让对方觉得自己只是个工具，这样，无法与人建立友谊自然是情理之中的事。

那么，在与人交往的过程中，应该怎样找出对方"在行"的话题呢？

1.聊热门话题

聊热门话题，一般比较适合于与初次见面的陌生人交谈的情况，因为此时，交谈双方彼此都不了解对方"在行"的话题。同时，绝大多数人都对热门话题感兴趣。不管说深说浅，说是说非，对方都能插上几句。比如，说城市房改、股市行情、国际形势、体育新闻都很容易引起对方的议论。

2.避开别人不感兴趣的话题

自己感兴趣而对方不感兴趣的话题应该少谈。比如，对方对"下棋"既不爱好，又不"在行"，你却滔滔不绝说得津津有味，他不仅插不进话，反而会感到厌恶；同样，对方感兴趣而自己不感兴趣的话题，你也很难发表出让对方满意的见解，话题也就很难进行下去。

3.找出对方与自己的相似之处

人们都有趋同性心理，也就是喜欢与那些与自己有很多相似或者相同爱好或者长项的人交往。因此，我们与生人交谈之前，应从各方面了解能反映对方特征的信息。

比如，遇到自己的老乡，你用家乡口音交谈，对方会感到亲切，因为文化背景相同；与社会地位和经济条件不如自己的人交谈，一定要放低架子，找出自己熟悉而对方也"在行"的话题，把交谈的机会交给对方，会让对方觉得你很亲切，千万不可闭口摆架子，张口摆阔气，否则，势必使对方产生逆反心理和不满情绪，出现"话不投机半句多"的局面。

另外，我们在与人交往的时候，无论聊天的话题怎样，一定要注意以下几个问题：

1.态度要热情、诚恳、谦恭

与人交谈，一定要表现出自己的热情，让对方感受到你的真诚，切不可缺乏热情，语气显得冷漠，无动于衷，否则，是无法感染对方，激起对方心灵的共振的。

2.注意交谈内容的"度"

与人初次交谈，过于暴露自己，会让自己身处危险中。同时，毫无保留地调侃，也会有失稳重。与人交谈的语言，一定要简洁明晰，切忌漫无边际，杂乱无章。

主动说点小"秘密"，能拉近彼此距离

生活中，我们经常会遇到这样一种沟通难题：那就是对方

接话的技巧

性格内向、沉默寡言，无论我们发什么话，他们也不会接话，而且他们也不会主动沟通，我们也接不上话。面对这种情况，可能很多人感到束手无策，其实，此时，我们可以主动泄露自己的一些私密小事儿，这样，当对方觉得我们对其掏心掏肺之后，也就愿意向我们透露心事。那么，彼此间的亲密感也就建立起来了。不难理解，我们每个人都会跟与自己拥有共同秘密的朋友更亲近，也更信任他们，用这样的方法打开性格拘谨者的内心、消除他们的防备之心，不失为一种好方法。

已经是下班时间了，办公室里空空荡荡的，只有刘丹和陈云还没有走。刘丹拿起电话开始打电话："你在哪儿呢？什么时候回家？啊……可是……我都买好菜了……好吧……就这样吧！"挂了电话，刘丹的眼眶湿润了，心里像办公室一样空落落的。今天是他们结婚七周年的纪念日，可是老公不仅忘记了，而且连晚饭都不回家吃，刘丹已经记不清楚有多少夜晚是自己独自一个人度过的了。

"怎么了？"一双温暖的手搭在刘丹的肩膀上，原来是新来的陈云，除了刘丹之外，办公室里就只有陈云了。刘丹牵强地动了一下嘴角，说："都下班了，你怎么还不回家？"陈云不屑地撇了撇嘴巴，说："家？要是家里就我自己一个人，还能算家吗？还不如待在办公室心里清静呢！"

刘丹看了看面前的这个三十多岁的女人，尽管同事们都说她很难相处，但是，此时此刻，刘丹分明从陈云的脸上看到了一种和自己相似的落寞。看到别人也有落寞，刘丹反倒放松了，她站起来，大声说："咱们一起去吃烤肉吧，我请客！"想不到，结婚纪念日居然要和一个刚刚认识的同事一起度过，刘丹不禁笑了笑。直到酒过三巡，刘丹才和陈云说今天是自己结婚七周年的纪念日。想不到，陈云一点儿也不惊讶，反而说自己的好几个结婚纪念日也是一个人度过的。

刘丹愣住了，泪水突然一串串地滚下来。在一个和自己有着相似经历的人面前，她彻底崩溃了，把自己心里的苦闷一股脑儿地说了出来。

夜深了，陈云把喝多的刘丹送回了家。工作这么多年来，刘丹从来没有和任何同事亲近。但是，就是吃一顿饭的工夫，刘丹已经把陈云当成了自己最要好的朋友。

这则故事里，是什么让这两个刚认识不久的女人成为朋友？是相同的经历！交谈之初，刘丹并没有打算向陈云交代自己的心事，但一听到陈云有着和自己相同的难处，便敞开了心扉。

那么，具体来说，我们该怎样通过透露秘密来让性格拘谨者敞开心扉与我们沟通呢？

接话的技巧

1.先多强调你们之间的共同爱好和兴趣，以拉近距离

你首先要了解对方的兴趣爱好，然后，你可以故作不知地提及自己的兴趣爱好，当双方在这一方面存在共同点之后，那么，你们便轻而易举地拉近了彼此间的距离。

若与对方有共同点，就算再细微的也要强调，人与人之间一旦有了共同点，就可以很快地消除彼此间的陌生感，产生亲近的感觉。这样不但可以使对方感到轻松，同时也具有使对方说出真心话的作用。

2.在获得一定的认同感之后，再主动吐露自己曾经那些无关大雅的"糗事儿"

比如，当彼此聊及过去的事时，你可以一反常态，主动聊聊曾经失败的事，这比谈自己成功的事，更易拉近彼此间的距离。因为老是炫耀自己成功的光荣事情，容易让人产生反感，而留下不好的印象。这样，我们首先在态度上已经示弱并表示了友好，对方没有不接受的道理。

3.掌握一些语言上的技巧

使用"请教""帮我"等语气，较易获得对方的好感；常用"我们"这两个字可以拉近彼此间的距离。因为善于用"我们"来制造彼此间的共同意识，对促进我们的人际关系将会有很大的帮助。

其实，在交谈开始前，我们可以炒热气氛，这样，可以

消除你与他人之间的陌生感。能不能找到话题比会不会讲话更重要。而话题，也就是交谈双方共同感兴趣的人和事。对此，我们可以主动地表露自己的一些小秘密，让对方感觉到你的主动、大方、友好亲切，当对方对你的秘密产生心理认同感后，就会与你一拍即合、达到情感的共鸣。

六种"禁忌话题"是聊天杀手

日常生活中，我们经常与人聊天，聊天中，有发话就有接话，在一来二往中就实现了沟通，不过聊天也有技巧，无所顾忌地瞎扯，不仅不能增进感情，还会让别人觉得无趣。我们若能从对方的心理出发，说出对方喜欢听的话，给对方带来愉悦的情绪，便能拉近与对方之间的距离。

人们交谈时通常是由开始讲话的人选择一个话题，大家围绕这一话题各抒己见，然后转向另一个话题，因此选择合适的话题便十分重要。如果选择的话题能被大家接受，谈话便会顺畅地进行下去。如果选择了不适宜的话题，引不起大家的兴趣，没有人做出反应，交谈便失败了。而选择话题的前提就是，不能踏入话题禁忌。

可能你曾经有这样的经历，当你夸夸其谈，认为自己的话题很有趣时，却发现对方已经变了脸色，为什么呢？此时，你可能触到了某些禁忌话题。

有一天，几个同事在办公室聊天，其中有一位李小姐提起她昨天配了一副眼镜，于是拿出来让大家看看她戴眼镜好看不好看。大家不愿扫她的兴都说很不错。这时，同事老王因此事想起一个笑话，便立刻说出来：

"有一个小姐走进皮鞋店，试穿了好几双鞋子，当鞋店老板蹲下来替她量脚的尺寸时，谁知这位小姐是个近视眼，看到店老板光秃的头，以为是她自己的膝盖露出来了，连忙用裙子将它盖住！"

接着是一片哄笑声，谁知事后竟从未见到李小姐戴眼镜，而且碰到老王后也不再和他打招呼了。

其中的原因不说自明。说者无心，听者有意，在老王看来，他只联想起一则近视眼的笑话。然而，李小姐则感觉到自己被侮辱了。

可见，与人交往中，我们说话要看场合、对象，选择话题更要考虑对方的感受。

那么，禁忌的话题都有哪些呢？不合适的话题主要有以下几种类型：

1.以"自我为中心"的话题

有的人谈来谈去总是围绕着自己的生活,开始人们也许还有兴趣听,时间久了人们便失去了兴趣甚至躲着这样的谈话者了。

2.意识形态、宗教类话题

这类话题都具有强烈的立场,一旦谈起来可能会引起激烈的争辩。

3.隐私类话题

所谓隐私,着眼点就在"隐",指的就是人们不愿意说出来的、公开的情况,也就是秘密。任何一个人,即使再外向,也有不希望他人知道的隐私。同时,在极为重视隐私权的现代社会,人们即使交朋友,也希望自己的朋友能和自己保持一定的心理距离。因此,如果你的朋友愿意向你透露他的隐私,那么,这是因为他信任你,你应该感到荣幸,但是你若不能保守秘密,则会使朋友伤心,甚至让他离你而去。

的确,隐私是人的心灵深处最敏感、最易激怒、最易刺痛的角落。无论是当面还是在背后都应回避这样的话题。

如果询问对方有关生活部分的隐私,如"恋爱没""收入怎么样"之类的话题,便很可能让对方觉得尴尬,因此,最好不要随便提及。

4.假话题

假话题是指那些无法继续下去的话题,如果你用"今天天气很好"来开始谈话,对方便没有什么话来回应。

5.不便回答的话题

比如,你在逛街时遇到一个女同事,你会随便问一句:"你怎么在这儿?"或"你要去哪里?"

而实际上,你可能没想到的是,你这样的问题,对方是不便回答的,因为有时候对方可能并不想告知你他的目的地,或者是漫无目的地散步。另外,有些多心的人对于"去哪里"这样的问题是极为反感的,因为他们会认为"这是我的隐私,与你何干"。

6.敏感话题

一般来说,这些话题包括女士的年龄和体重、谈话对方的婚姻问题、收入问题等。比如,当你无意中告诉一位女士:"你胖了。"她会担心自己是不是体态走样了。相对地,也许你说他(她)瘦了,刚好那时对方正受到疾病的困扰,而误触人家的伤心事。总之,个人想法、立场不同,某个话题,也许你认为没什么,却可能是别人的禁忌,特别是别人体形上的改变,尽量少拿来做寒暄的话题。

对待敏感话题,反应一定要快。有人会想,以前谈及这一类话题都没问题,现在必定也一样。这种"轻视"态度要不得。

除此之外,大家应该了解的一个原则是:特定的场合有着特定的敏感话题，不要"误踩地雷"。在一些喜庆场合，千万不要讲晦气的话题；相对地，在葬礼等场合，就不适宜讲开心的话题。

卡耐基说："好口才是社交的需要，是事业的需要，是生存的需要。它不仅是一门学问，还是你赢得事业成功常变常新的资本。"但是，能说话不等于会说话，话还要说得有分寸。只有把握好说话的分寸，才算掌握了开启成功之门的钥匙，如此才能把话说到人的心坎儿上，达到"一语惊起千层浪"的效果！

参考文献

[1]山口拓朗.好好接话[M].林丽樱,译.北京:北京联合出版有限公司,2018.

[2]林思诚.好好接话:会说话是优势,会接话才是本事[M].南京:江苏凤凰美术出版社,2019.

[3]吴阳.让人接受的说话方式[M].北京:北方妇女儿童出版社,2019.